Dirk Schreiber

Die Luftwaffe und ihre Doktrin.
Einsatzkonzeptionen bis 1971

Schriften zur Geschichte der Deutschen Luftwaffe, Band 7

Die Luftwaffe und ihre Doktrin

Einsatzkonzeptionen bis 1971

Dirk Schreiber

Schriften zur Geschichte der Deutschen Luftwaffe, Band 7
begründet und herausgegeben
von Eberhard Birk und Heiner Möllers

2018

Carola Hartmann Miles-Verlag

CIP-Kurztitelaufnahme der Deutschen Nationalbibliothek
Dirk Schreiber, Die Luftwaffe und ihre Doktrin. Einsatzkonzeptionen bis 1971, Berlin 2018.

© 2018 Carola Hartmann Miles-Verlag,
email: miles-verlag@t-online.de
www.miles-verlag.jimdo.com

Titelbild: Plakat der Nachwuchswerbung der Luftwaffe 1960. Presse- und Informationszentrum der Luftwaffe, Berlin-Gatow

Alle Rechte, insbesondere das Recht der Vervielfältigung und Verbreitung sowie der Übersetzung, vorbehalten. Kein Teil des Werkes darf in irgendeiner Form (durch Fotokopie, Mikrofilm oder ein anderes Verfahren) ohne schriftliche Genehmigung des Verlages reproduziert oder unter Verwendung elektronischer Systeme gespeichert, verarbeitet, vervielfältigt oder verbreitet werden.

Herstellung: Books on Demand, Norderstedt

Printed in Germany

ISBN 978-3-945861-70-7

Inhaltsverzeichnis

Vorwort der Herausgeber — 7

Danksagung — 8

I. Einleitung — 9

II. Rahmenbedingungen — 21
1. Der Luftkrieg – Entwicklung bis 1955 — 21
- a) Grundregeln des Luftkrieges — 22
- b) Strategischer und taktischer Luftkrieg — 25
- c) Zwischenkriegszeit – Das Aufkommen der ersten Luftkriegsstrategien — 26
- d) Zweiter Weltkrieg – Das Trauma der Niederlage der deutschen Luftwaffe — 30
- e) Nachkriegszeit – Die technische Revolution im Luftkrieg — 33
- f) Koreakrieg – Blaupause für Europa? — 35

2. Das sicherheitspolitische Umfeld: NATO-Strategie und bundesdeutsche Verteidigungsplanung bis 1970 — 38
- a) Konsensfindung in der NATO – bündnispolitische versus nationale Interessen — 39
- b) Die strategischen Konzepte der NATO bis 1971 — 46
  - MC 14/1 – Vorwärtsverteidigung, 1952 bis 1957 — 46
  - MC 14/2 – Massive Vergeltung, 1957 bis 1967 — 49
  - MC 14/3 – Flexible Response, 1967 bis 1991 — 52

III. Denken in Doktrinen   56
1. Der Standpunkt der Luftwaffe innerhalb der Bundeswehr   56

    a) Der doktrinäre Standpunkt von Luftstreitkräften in Reichswehr und Wehrmacht   58
    b) Himmerod – Idee der Heeresluftwaffe   61
    c) Andauernde Konflikte mit dem Heer   64
    d) Positionen der Inspekteure – Kammhuber und Steinhoff   68
    e) Verweigerung gegenüber dem NATO-Strategiewechsel   71

2. Luftangriff   74

    a) Mittel und Aufgaben der offensiven Kampfverbände   75
    b) Das Erbe der Reichsluftwaffe – Definitionsprobleme und operativer Luftkrieg   77
    c) Der nukleare Strike   81
    d) Konventioneller Krieg, atomares Material   86
    e) Stand der Offensivfähigkeiten am Ende der 1960er Jahre   90

3. Luftverteidigung   93

    a) Definition der Luftverteidigung in Führungsvorschriften   93
    b) Der Jägerstreit   95
    c) Angriff ist die beste Verteidigung – Das problematische Konzept Counter Air   100
    d) Das Dilemma der Luftverteidigung über dem Bundesgebiet   104

IV. Zusammenfassung   110

Abkürzungsverzeichnis   117
Quellen- und Literaturverzeichnis   119

Vorwort der Herausgeber

Die Geschichte der Luftwaffe der Bundeswehr ist nicht vorstellbar oder verständlich ohne ihre Einbindung in die NATO-Luftstreitkräfte. Die damit gleichzeitig vollzogene Anlehnung an die US Air Force sorgte gleichermaßen dafür, dass der doktrinäre Überbau vom wichtigsten Partner übernommen bzw. von diesem für das ganze Bündnis vorgegeben wurde. Dies lässt sich an der in der NATO verwendeten Allied Tactical Publication 33 – Tactical Air Doctrine (ATP 33) leicht ablesen.

Die Ausrichtung der NATO-Luftstreitkräfte an der US Air Force sorgte darüber hinaus aber auch dafür, dass die Luftwaffe de facto keine eigene Doktrin oder Führungsvorschrift benötigte, wie dies zum Beispiel beim Heer mit der Heeresdienstvorschrift 100/100 "Truppenführung" ganz selbstverständlich war und ist. Dennoch versuchte die Luftwaffe, ihre eigene Identität auch in einer Führungsvorschrift niederzuschreiben. Erstaunlich daran ist allerdings, dass die erste Luftwaffendienstvorschrift 100/1 „Führung und Einsatz von Luftstreitkräften" trotz aller Bemühungen in den Jahrzehnten zuvor erst nach dem Ende des Kalten Krieges 1991 etabliert werden konnte.

Um diesen Prozess der Suche nach der eigenen Identität zu verstehen, lohnt sich der Blick in die Luftwaffengeschichte, den Dirk Schreiber hier vorgenommen hat. Er beschreibt das Ringen um die Ausrichtung, die Schwerpunkte und damit das Selbstverständnis einer nationalen Luftwaffe in einem multinationalen Bündnis über einen Zeitraum von zwei Jahrzehnten. Die von Anfang an engmaschig in die NATO-Strukturen eingebundene Deutsche Luftwaffe erscheint dabei weniger als eine wirklich selbständige Teilstreitkraft der Bundeswehr als vielmehr – wie Heer und Marine auch – als substantieller Teil von Bündnisstreitkräften.

Fürstenfeldbruck und Potsdam im Januar 2018
Eberhard Birk und Heiner Möllers

Danksagung des Autors

Die Gelegenheit zu erhalten, die eigene Abschlussarbeit nach bestandener Masterprüfung tatsächlich veröffentlichen zu dürfen, ist keine Selbstverständlichkeit, sondern ein Privileg. Ich weiß diese Chance zu würdigen und möchte mich daher bedanken.

In erster Linie gilt dieser Dank meinen Betreuern, Oberstleutnant PD Dr. John Zimmermann und Dr. Bernd Lemke, die mir jederzeit mit hilfreicher Kritik und Anregungen zur Seite standen und mir so manchen Weg durch das Dickicht wissenschaftlicher Argumentation wiesen.

Nicht weniger gilt mein Dank der Interessengemeinschaft Deutsche Luftwaffe e.V., die es mir mit ihrer Beteiligung an der Veröffentlichung möglich gemacht hat, dass nicht nur ich dieses Buch nun in den Händen halten kann.

Nicht zuletzt geht mein besonderer Dank an Oberstleutnant Dr. Heiner Möllers und Dr. Eberhard Birk, die es mir als die Initiatoren und Herausgeber der „Schriften zur Geschichte der Deutschen Luftwaffe" überhaupt erst ermöglicht haben, meine Arbeit zu publizieren. Herrn Möllers bin ich darüber hinaus besonders dankbar für die geleistete Unterstützung bei der Quellensuche, ohne die diese Arbeit kaum hätte entstehen können.

All diese Personen haben fachlich und professionell zur Entstehung dieses Textes beigetragen. Doch ohne einen besonderen Menschen in meinem Leben wäre dieses Werk nicht mehr als reine Theorie geblieben. Von Herzen danke ich deshalb meiner Verlobten Christina, für all die Nerven und Stunden, die sie darin investiert hat, mir unter die Arme zu greifen. Ich kann mir nicht vorstellen, wie dieses Projekt ohne deine Motivation für mich ausgegangen wäre.

Vielen Dank dafür!

„If we don't know what we are doing,
the enemy certainly can't anticipate our future actions."
Anonym[1]

I. Einleitung

Verordnungen, Erlasse und Dienstvorschriften sind das Stützkorsett jedes hierarchisch strukturierten Amtsbetriebes. Armeen bilden da keine Ausnahme. Weltweit wussten sich Generationen von Soldaten, quer durch alle Epochen über diesen Umstand zu beklagen. Dies galt für vermeintlich weltfremde Verordnungen zu ihrem Umgang mit militärischen Traditionen genauso wie über realitätsferne Doktrinen, mit denen die militärische oder politische Führung versuchte, ihnen vorzugeben, wie über einen Krieg zu denken sei und wie man ihn zu führen habe.

Aus einer distanzierteren Betrachtungsperspektive wird allerdings deutlich, dass die Vielzahl von Verordnungen aller Art bei modernen Streitkräften einem höheren Sinn dient. Erst durch Gesetze, Vorschriften und Erlasse lässt sich staatlich reglementierte Gewaltanwendung überhaupt erst planen und durchführen. Eine dieser Vorschriften ist jedoch von zentraler und militärisch gesehen herausragender Bedeutung: *die Doktrin.*

Dies gilt selbstverständlich auch für die Bundeswehr – und für deren Luftwaffe[2]. Auch die Luftwaffe hat und hatte ihre Dienstvorschriften. Doch besaß sie auch eine Doktrin? Wie dachten sich die politischen und militärischen Planer der westdeutschen Wiederbewaffnung in den ersten Jahrzehnten des Aufbaus der Bundeswehr den Einsatz der Luftstreitkräfte? Welchen Einfluss hatte der Aufbau der Luftwaffe auf die Ausformulierung ihrer Einsatzgrundsätze? Die 1950er und 1960er Jahre waren eine turbulente Zeit für die Bundeswehr und im Besonderen für ihre Luftstreitkräfte. Gerade die fliegenden Verbände der Bundeswehr standen in dieser Phase häufig im Fokus öffentlichen Interesses. Der medialen Präsenz der Luftwaffe lagen in den ersten fünfzehn Jahren ihres Bestehens diverse Ursachen zu Grunde; darunter in erster Linie die

---

[1] Das Zitat spielt auf das Problem an, dass sämtliche militärische Vorschriften wenig nutzen, wenn sie nicht auch in der Praxis angewendet werden. Sein Ursprung ist jedoch ungeklärt. Bisweilen wird es fälschlicherweise der Filmfigur des Colonel Goodhead aus „The Life and Death of Colonel Blimp" (GB 1943) oder einem unbekannten Stabsoffizier der 1st Canadian Division aus dem Zweiten Weltkrieg zugeschrieben.

[2] Im Folgenden bezieht sich der Begriff „Luftwaffe" in der Regel auf die Luftwaffe der Bundeswehr. Ist von Luftstreitkräften anderer Nationen oder aus anderen Epochen die Rede, wird dies im Text kenntlich gemacht.

„Starfighter-Krise"[3], also die öffentliche Debatte um die Absturzserie des wichtigsten Kampfflugzeuges der Bundeswehr.

Daneben trug aber das Bild eines scheinbar stets drohenden Atomkrieges maßgeblich zur medialen Beschäftigung mit der Luftwaffe bei. Denn die Strategie des Nuklearkrieges war in erster Linie an Flugzeuge und Raketen als Waffensysteme gekoppelt und ohne Luftstreitkräfte schlicht undenkbar. In der Zeit eines drohenden heißen Krieges zwischen der NATO und der Warschauer Vertragsorganisation stand die Luftwaffe somit auch im Zentrum der militärischen Planungen des Atlantischen Bündnisses. Ihr fiel – if deterrence fails – mit Masse die Aufgabe zu, atomare Waffen binnen kürzester Zeit nach Kriegsbeginn zum Einsatz zu bringen, beziehungsweise die des Gegners abzuwehren. Auf der Bündnisebene der NATO waren Luftstreitkräfte zudem sowohl nukleares „Schwert" als auch konventioneller „Schild" der Allianz. Damit verkörperten sie quasi sinnbildlich die Verteidigungskonzeption des Bündnisses. Als Teil des Schwerts stellten sie die Angriffskapazitäten der NATO in Form taktischer und strategischer Atomwaffenträger dar. Als Hauptakteur der Luftverteidigung waren sie zentrales Element des Schildes zum Schutz des Bündnisses und seiner Bürger vor einem möglichen Angriff.

Die junge Luftwaffe geriet im Kontext dieser sicherheitspolitischen Lage in den ersten fünfzehn Jahren ihres Bestehens immer wieder an die Grenzen ihrer Leistungsfähigkeit. Bisweilen war sie gar mit den Verhältnissen ihres viel zu schnellen Aufbaus und den an sie gestellten Erwartungen schlichtweg überfordert.[4] Anschaulichstes Beispiel für die zentralen Missstände in den frühen Jahren ihres Bestehens war die verhältnismäßig hohe Unfall- und Verlustrate an Kampfflugzeugen und Personal. Dies lässt sich vor allem an den Flugzeugtypen F-84F Thunderstreak und F-104G Starfighter feststellen.[5] Gerade die F-104

---

[3] Vgl. dazu grundlegend: Siano, Claas: Die Luftwaffe und der Starfighter. Rüstung im Spannungsfeld von Politik, Wirtschaft und Militär (= Schriften zur Geschichte der Deutschen Luftwaffe, Bd. 4), Berlin 2016.

[4] Symbol dieser Überforderung war ab 1962 bis Mitte der 1980er Jahre immer wieder das Hauptwaffensystem der Luftwaffe, der F-104G Starfighter. Siehe zur zeitgenössischen Wahrnehmung u.a.: Starfighter. Ein gewisses Flattern, in: Der SPIEGEL (5) 1966, S. 21-36, hier: S. 25 sowie: Zimmermann, John: Führungskrise der Bundeswehr oder „Aufstand der Generale?" Die Rücktritte der Generale Trettner und Panitzki 1966, in: Eberhard Birk/Heiner Möllers und Wolfgang Schmidt (Hrsg.). Die Luftwaffe zwischen Politik und Technik (= Schriften zur Geschichte der Deutschen Luftwaffe, Bd. 2), Berlin 2012, S. 108-123, hier: S. 114.

[5] Von den 558 beschafften F-84 unterschiedlicher Versionen verlor die Luftwaffe 162 (nach anderen Quellen 202). Bei der F-104 belief sich die Verlustrate auf 292 von 916 beschafften Maschinen. Reis, Sebastian: Das Krisenmanagement der Luftwaffe: Die Bewältigung der Starfighter-Krise, in: Eberhard Birk/Heiner Möllers/Wolfgang Schmidt (Hrsg.). Die Luftwaffe zwischen Politik und Technik (= Schriften zur Geschichte der Deutschen Luftwaffe,

sollte mit der nach ihr benannten Starfighter-Krise in den 1960er Jahren zum Symbol einer viel zu schnell aufgestellten und personell wie materiell unterversorgten Luftwaffe werden. – Trotzdem muss in diesem Zusammenhang immer mitgedacht werden, dass die gesamt erflogenen Flugstunden der F-104 in der Luftwaffe deutlich über denen der F-84 lagen. Die hohe Zahl von Abstürzen des Starfighters relativiert sich vor diesem Hintergrund deutlich.

Mit derartigen Sach- und Problemlagen muss die militärische Führung einer Armee[6] umgehen können. Sie muss Methoden entwickeln, um den Ansprüchen der nationalen Politik, der Bündnispartner, der eigenen Soldaten und auch der eingesetzten Technik gerecht zu werden – und dies auch der Öffentlichkeit überzeugend zu vermitteln. Der Umgang der Führungsebene eines militärischen Teilbereiches mit derlei Anforderungen, im vorliegenden Fall also der Luftwaffenführung, drückt sich in ihren Führungsdokumenten aus.

Die vorliegende Arbeit widmet sich deshalb der Frage, wie sich die *Einsatzkonzeption der deutschen Luftwaffe* bis zum Beginn der 1970er Jahre entwickelte und welche Rückschlüsse dieser Wandel auf das angenommene Kriegsbild zulässt. Normalerweise wäre eine solche Analyse ein Leichtes. Es genügt, die spezifische Doktrin einer Teilstreitkraft aus dem jeweiligen Betrachtungszeitraum genauer zu studieren. Auftrag, Struktur und eigene Handlungsabsichten lassen sich meist schwarz auf weiß in diesem Führungsdokument finden. Doch bei den Luftstreitkräften der Bundeswehr ist die Sachlage komplexer. Sie besaßen bis 1991 keine eigene, nationale Führungsdoktrin. Für sie waren die völlige Integration in das Bündnis und somit die Führungsdokumente der NATO ausschlaggebend.[7]

Ohnehin ist der Bezug zur NATO völlig unabdingbar für das Verständnis der Luftwaffe der Bundeswehr. Sie entstand innerhalb des Bündnisses und war bis zum Ende des Kalten Krieges auch nur im Rahmen der Allianz einsatz- und handlungsfähig. Die Luftwaffe und ihre Herausforderungen lassen sich schlichtweg nicht verstehen, ohne den Rahmen der NATO mit zu betrachten. Gleichzeitig lassen sich aber auch die Konzeption der NATO-Luftstreitkräfte in Europa und das ihr zugrundeliegende Kriegsbild nicht ohne die spezifischen Hintergründe westdeutscher Sicherheitspolitik begreifen. Die Bundesrepublik befand sich dabei immer im Spannungsfeld zwischen den beiden Supermächten und deren Bündnissen. Diese Situation übertrug sich damit auch unmittelbar

---

Bd. 2), Berlin 2012, S. 88-107, hier: S. 88 u. S. 90f. sowie: Wache, Sigfried: Republik F-84F Thunderstreak, Arnsberg 1987, S. 14.
6   Der Begriff Armee bezieht sich hier auf die Summe aller nationalen Streitkräfte und nicht auf eine spezifische militärische Formation.
7   Ab 1976 beispielsweise die ATP-33 Tactical Air Doctrine. Siehe dazu: Stein, David J.: The Development of NATO Tactical Air Doctrine. 1970-1985, Santa Monica 1985.

auf die Struktur der westdeutschen Luftstreitkräfte. Die Luftwaffe und die NATO standen also immer in einem wechselseitigen Verhältnis zueinander.

Es wäre deshalb auch vermessen, auf den nachfolgenden Seiten *eine Doktrin der Luftwaffe* in Gänze rekonstruieren zu wollen. Vielmehr trägt diese Arbeit an die erhaltenen Führungsdokumente des Führungsstabes der Luftwaffe (Fü L) jene Analysefragen heran, welche zur Auswertung militärischer Doktrinen benutzt werden: „Wer sind wir als militärischer Verband?", „Wie lautet unser Auftrag?" und „Wie wollen wir diesen Auftrag erfüllen?".[8]

Während sich die erste Frage nicht ohne weiteres schnell beantworten lässt, kann der Hauptauftrag der Luftwaffe jedoch klar definiert werden. Luftstreitkräfte erfüllen selbstverständlich eine ganze Reihe von Aufträgen. Klassischerweise sind dies: Luftangriff, Luftverteidigung, Lufttransport und Luftaufklärung. Bei genauerer Betrachtung sind aber vor allem Transport und Aufklärung in erster Linie Unterstützungsaufgaben, auch für Bedarfsträger anderer (Teil-) Streitkräfte.[9] Folglich erscheint es legitim, in Luftangriff und Luftverteidigung die eigentlichen Kernaufgaben von Luftstreitkräften zu sehen. Die Betrachtung dessen, wie die militärische Führung der Luftwaffe über diese beiden Aufgaben dachte, verspricht also besonders gewinnbringend zu sein, wenn nach der doktrinären Ausrichtung der Luftwaffe in ihren Anfangsjahren gefragt wird.

Die Betrachtung endet im Jahr 1971. Dieser Zeitpunkt ist der Quellenauswahl geschuldet, denn aus diesem Jahr stammt der letzte Vorentwurf der Luftwaffen-Dienstvorschrift (LDv) 100/1 „Luftkriegführung". Dieses Führungsdokument, welches heute die Einsatzdoktrin der Luftwaffe darstellt, befand sich zum damaligen Zeitpunkt aber noch in der Entwicklung. Zugleich ging um 1971 eine zentrale Reformphase der Luftwaffe dem Ende entgegen. Die vom Inspekteur, Generalleutnant Johannes Steinhoff, angestoßene „Luftwaffenstruktur 3"[10] definierte die bleibende Ausrichtung der Luftwaffe bis zum Ende der Blockkonfrontation und beendete damit die Phase des Aufbaus und der Selbstfindung der Luftstreitkräfte der Bundeswehr.

---

[8] Grint, Keith/Jackson, Brad: Towards „Socially Constructive" Social Constructions of Leadership, in: Management Communication Quarterly (24) Vol. 2 2010, S. 348-355, hier: S. 352.
[9] BArch, BL 1/4525: LDv 100/1 Luftkriegführung (Rohentwurf), Art. 61, September 1967.
[10] Rebhan, Heinz: Aufbau und Organisation der Luftwaffe 1955 bis 1971, in: Bernd Lemke/Dieter Krüger u.a. Die Luftwaffe 1950 bis 1970. Konzeption, Aufbau, Integration, München 2006, S. 557-647, hier: S. 629-631, wenngleich hier inkorrekt als „Luftwaffenstruktur 2" bezeichnet, sowie für den generellen Überblick: Möllers, Heiner: Die Luftwaffe und ihre Strukturen im Wandel der Zeit und ihrer ganz eigenen Politik, in: Ders./Eberhard Birk (Hrsg.). Luftwaffe und Luftverteidigung (= Schriften zur Geschichte der Luftwaffe, Bd. 6), Berlin 2017, S. 18-48 und: Neuordnung der Luftwaffen-Kommandostruktur, in: Soldat und Technik (8) 1970, S. 460.

Die sich damit ergebende, zentrale Fragestellung dieser Arbeit lautet somit: Wie definierte die Luftwaffe (bis 1971) ihre Stellung innerhalb der Bundeswehr und ihre Kernaufgaben Luftangriff und Luftverteidigung in ihren Führungsdokumenten und Einsatzkonzeptionen? Und vor allem: Inwiefern waren diese Konzepte durch die Luftwaffe auch umsetzbar?

Der zweite Teil der Fragestellung ist gerade wegen der prekären Lage der Bundesrepublik[11] als Frontstaat in einem möglichen dritten Weltkrieg relevant. Denn durch die Lage am Eisernen Vorhang hatten sowohl West- als auch Ostdeutschland immer unter besonderen Herausforderungen beim Aufbau militärischer Strukturen im jeweiligen Bündnis zu leiden.[12] Damit drängt sich angesichts der militärischen Konzepte der Luftwaffenführung die Frage auf, ob es für Westdeutschland im Rahmen der NATO überhaupt ein tragfähiges (Luft-)Verteidigungskonzept geben konnte, das mit dessen wirtschaftlichen, finanziellen und personellen Mitteln überhaupt umsetzbar war.

Die Fragestellung dieser Arbeit ist somit zweigliedrig. Zum einen fragt sie nach dem doktrinären Kern der Luftwaffenkonzeption, zum anderen nach dessen Umsetzbarkeit. Auf diesem Weg soll versucht werden, Struktur und Ausrichtung der jungen Luftwaffe besser zu verstehen.

Der Betrachtungszeitraum ist dabei bewusst gewählt. Denn obwohl die Luftwaffe erst 1956 gegründet wurde, liefen die konzeptionellen Vorüberlegungen zum Aufbau westdeutscher Luftstreitkräfte bereits mit der Himmeroder Konferenz im Oktober 1950 an. Zwischen der Gründung der Bundeswehr und dem Ende des Betrachtungszeitraumes lagen weitere sechzehn Jahre. In dieser Phase musste die Luftwaffe nicht nur grundlegend aufgebaut werden, sondern sich gleichzeitig mit einem zweifachen Strategiewandel der NATO (1957, MC 14/2: Massive Retaliation und 1967/68, MC 14/3: Flexible Response) auseinandersetzen. Als These lässt sich hier deshalb annehmen, dass die Luftwaffe bis heute keine Phase erlebt hat, in der sie mit derart tiefgreifenden Herausforderungen konfrontiert war wie in den ersten fünfzehn Jahren ihres Bestehens.

Welchen Beitrag kann eine Arbeit zu den Einsatzkonzeptionen der frühen Luftwaffe nun für die Militärgeschichtsschreibung leisten? Im Kontext des Forschungsstandes soll die vorliegende Arbeit zum Verständnis dessen beitragen, was die junge Luftwaffe „im Innersten zusammenhielt". Wie im Folgenden

---

[11] Zur Geschichte der Bonner Republik vgl. Görtemaker, Manfred: Geschichte der Bundesrepublik Deutschland: Von der Gründung bis zur Gegenwart, Frankfurt a. M. 2004 sowie: Wolfrum, Edgar: Die geglückte Demokratie. Geschichte der Bundesrepublik Deutschland von ihren Anfängen bis zur Gegenwart, Stuttgart 2006.

[12] Zur Geschichte der NVA vgl.: Wenzke, Rüdiger: Ulbrichts Soldaten. Die Nationale Volksarmee 1956 bis 1971, Berlin 2013 sowie: Rogg, Matthias: Armee des Volkes? Militär und Gesellschaft in der DDR, Berlin 2008.

erläutert wird, steckt die militärhistorische Analyse der Geschichte der westdeutschen Luftstreitkräfte noch in den Anfängen. Doch sie beginnt, sich langsam zu systematisieren.

Der Forschungsstand zum direkten Themengebiet dieser Arbeit, der Luftkriegstheorie in der Bundeswehr, kann mit Fug und Recht in einem einzigen Satz zusammengefasst werden: Nahezu nicht existent. Nahezu deshalb, weil zumindest der Sammelband „Die Luftwaffe 1950 bis 1970"[13] hier wichtige Grundlagenforschung geleistet hat. Wegen der prominenten Stellung dieses Werkes werden seine Teilstudien, insbesondere jene von Bernd Lemke zu Aufbau und Konzeption der Luftwaffe[14], in dieser Arbeit vielfach Erwähnung finden. Abgesehen davon existiert die 2013 vom Führungsstab der Luftwaffe herausgegebene „Chronik Führungsstab der Luftwaffe"[15], welche einen guten Einblick in die Arbeitsabläufe auf der Ebene der Luftwaffenführung ermöglicht. Da es sich dabei allerdings um ein Werk von in die Materie involvierten Zeitzeugen handelt, ist ein gewisser Grad an Quellenkritik vonnöten. Zudem bieten einige Beiträge der „Schriften zur Geschichte der deutschen Luftwaffe"[16] einen kompakten ersten Einblick in einzelne Teilaspekte der Geschichte der Luftwaffe. Als eine Detailstudie zu einem besonderen Themenfeld soll hier Claas Sianos Dissertation zur Starfighter-Krise als Paradebeispiel genannt werden.[17]

In der internationalen Debatte zur Luftkriegstheorie ist eine vergleichsweise große Fülle an Werken erschienen, welche insbesondere britischen und US-amerikanischen Ursprungs sind.[18] In ihnen steht allerdings oftmals der strategische Einsatz von Luftmacht im Vordergrund, was sowohl in der geopolitischen Lage als auch der Militärgeschichte beider Nationen begründet liegt. Rückschlüsse auf die Situation der deutschen Luftwaffe, welche ja in erster Linie eine rein kontinental-taktische Streitkraft war und ist, lassen sich hier eher indirekt ziehen.

Spannt man den Bogen weiter und betrachtet die breitere Geschichte der Bundeswehr in den 1950er und 1960er Jahren, dann bieten diverse Veröffentlichungen des Zentrums für Militärgeschichte und Sozialwissenschaften der Bundeswehr (ZMSBw)[19] in Potsdam eine ausgezeichnete Literaturbasis.[20] Von

---

[13] Lemke, Bernd/Krüger, Dieter u.a. (Hrsg.): Die Luftwaffe 1950 bis 1970. Konzeption, Aufbau, Integration, München 2006.
[14] Vgl.: Lemke, Bernd: Konzeption und Aufbau der Luftwaffe, in: Ders./Dieter Krüger u.a. (Hrsg.). Die Luftwaffe 1950 bis 1970. Konzeption, Aufbau, Integration, München 2006, S. 71-484.
[15] Kommando Luftwaffe (Hrsg.): Chronik Führungsstab der Luftwaffe, Berlin/Köln 2013.
[16] Vgl.: Schriften zur Geschichte der deutschen Luftwaffe (6 Bde.), Berlin seit 2011.
[17] Vgl.: Siano, Die Luftwaffe und der Starfighter.
[18] Vgl.: Black, Jeremy: Air Power. A Global History, Lanham 2016.
[19] Bis 2012 Militärgeschichtliches Forschungsamt der Bundeswehr (MGFA).

besonderer Bedeutung ist hier vor allem Bruno Thoß „NATO-Strategie und nationale Verteidigungsplanung"[21]. Vielfältig ist auch die Literatur zu Sicherheitspolitik und Geschichte der NATO. Beispielhaft sind hier die Schriftenreihe „Entstehung und Probleme des Atlantischen Bündnisses bis 1956"[22], Johannes Steinhoffs und Reiner Pommerins „Strategiewechsel: Bundesrepublik und Nuklearstrategie in der Ära Adenauer-Kennedy"[23] oder Bastian Giegerichs „Die NATO"[24] von 2012 zu nennen.

Nicht unerheblich für die vorliegende Arbeit ist schlussendlich die Frage der Quellenauswahl. Um einen Einblick in das konzeptionelle Denken der Führungsebene der Luftwaffe bis 1971 zu gewinnen, wurden Auszüge aus zwei Quellenbeständen des Bundesarchivs ausgewertet:

Der Quellenbestand „Dienststellen zur Vorbereitung des westdeutschen Verteidigungsbeitrages" (BW 9) verzeichnet vor allem Dokumente des Amtes Blank aus der Phase der Verhandlungen zur Europäischen Verteidigungsgemeinschaft (EVG) bis zur Gründung der Bundeswehr. Diese Dokumente beziehen sich also auf die Konzeptionsphase der Luftwaffe. Der Bestand „Führungsstab der Luftwaffe" (BL 1) enthält maßgebliche Dokumente ab dem Aufstellungsbeginn der Luftstreitkräfte, 1956. Diese stammen hauptsächlich aus der Abteilung VI, der Luftwaffenabteilung im Amt Blank beziehungsweise dem späteren Bundesministerium für Verteidigung, sowie aus dem Allgemeinen Luftwaffenamt in Köln-Wahn.

Von besonderer Bedeutung ist in diesem Kontext die Entwicklung der bereits erwähnten LDv 100/1 „Luftkriegführung", die seit 1961 in Arbeit war.

Wenngleich das Dokument bis zum Ende des Kalten Krieges nie offiziell fertiggestellt werden sollte, so lassen die unterschiedlichen Versionen der Dienstvorschrift einen direkten Rückschluss auf die Perzeption des Luftkrieges in Westdeutschland zu. Dieser rein nationale Quellenbestand wurde um Dokumente der NATO erweitert. Hier konnte allerdings nur auf Papiere zurück-

---

[20] Zur Geschichte der Teilstreitkräfte: Hammerich, Helmut R./Kollmer, Dieter H. u.a. (Hrsg.): Das Heer 1950 bis 1970. Konzeption, Organisation und Aufstellung, München 2014; Sander-Nagashima, Johannes Berthold (Hrsg.): Die Bundesmarine 1950 bis 1970. Konzeption und Aufbau, München 2006 sowie: Nägler, Frank (Hrsg.): Die Bundeswehr 1955 bis 2005. Rückblenden – Einsichten – Perspektiven, München 2007.

[21] Vgl.: Thoß, Bruno: NATO-Strategie und nationale Verteidigungsplanung. Planung und Aufbau der Bundeswehr unter den Bedingungen einer massiven Vergeltungsstrategie 1952 bis 1960, München 2006.

[22] Vgl.: Militärgeschichtliches Forschungsamt der Bundeswehr (Hrsg.): Entstehung und Probleme des Atlantischen Bündnisses (11 Bde.), München seit 1998.

[23] Vgl.: Steinhoff, Johannes/Pommerin, Reiner: Strategiewechsel: Bundesrepublik und Nuklearstrategie in der Ära Adenauer-Kennedy, Baden-Baden 1992.

[24] Vgl.: Giegerich, Bastian: Die NATO, Wiesbaden 2012.

gegriffen werden, die bereits öffentlich zugänglich sind, also grundsätzliche NATO-Strategiepapiere oder STANAG- (Standardization Agreement) Dokumente.[25] Taktische Anweisungen, die insbesondere für die in Europa unter dem Dach der Allied Air Forces Central Europe (AAFCE beziehungsweise AIRCENT) operierenden NATO-Luftflotten bindend waren, sind immer noch Verschlusssachen. Ihr grundsätzlicher Inhalt lässt sich aber bisweilen aus den zugänglichen Dokumenten der Bundeswehr ableiten, da sie Vorschriften der NATO oftmals spiegelten.

Abgerundet wurde der Quellenbestand durch zeitgenössische Zeitschriftenartikel in bundeswehreigenen beziehungsweise -nahen Publikationen sowie insbesondere des Hamburger Nachrichtenmagazins Der SPIEGEL. Der SPIEGEL ist deshalb eine gute Quelle zur Wahrnehmung bundeswehrinterner Sachverhalte in der deutschen Öffentlichkeit, weil seine Redakteure insbesondere in den 1960er Jahren über gute Verbindungen in die Truppe und das Ministerium verfügten. Selbstverständlich spielten im Kontext der Berichterstattung auch die Spiegel-Affäre[26] sowie die persönliche Rivalität zwischen dem Herausgeber Rudolf Augstein und dem damaligen Bundesverteidigungsminister Franz-Josef Strauß eine wichtige Rolle. Dies ist bei der Quellenkritik stets zu berücksichtigen.

An dieser Stelle sei noch auf die besonders problematische Quellen- und Literaturlage zur Aufbaugeneration der Bundeswehrgeneralität hingewiesen.[27] Dieses Problem betrifft ganz speziell die Luftwaffe auf der Ebene ihrer Inspekteure. Josef Kammhuber als erster Inspekteur vernichtete beispielsweise

---

[25] Diverse NATO Dokumente wurden im Zuge des NATO-Public Disclosure Programme (PDP) für die Öffentlichkeit zugänglich gemacht. Die verfügbaren Bestände werden regelmäßig erweitert und sind sowohl über CD als auch das Internet einsehbar. Der momentan einsehbare Bestand umfasst rund 325.000 Dokumente. Siehe: http://nato.int/cps/en/natohq/topics_12043.htm (Stand: 14.12.2016).

[26] Die SPIEGEL-Affäre war der Auslöser einer generellen, sicherheitspolitischen Debatte zu Struktur und Zustand der Bundeswehr in den frühen 1960er Jahren. Neben der medialen Dimension der Debatte rund um die Frage, welchen Einfluss der Staat auf die journalistische Freiheit nehmen kann und darf, hatte der Artikel „Bedingt abwehrbereit" auch handfeste militärpolitische Folgen. Er deckte große Defizite bei der Verteidigungsplanung und Ausrüstung der Bundeswehr auf. In gewisser Weise manifestierten sich in der SPIEGEL-Affäre genau jene Probleme für die gesamte Bundeswehr, die in Bezug auf die Luftwaffe später durch die Starfighter-Krise öffentlich wurden. Siehe dazu: Strategie: Bedingt abwehrbereit, in: Der SPIEGEL (41) 1962, S. 32-53; Schoenbaum, David: Die Spiegel-Affäre: Ein Abgrund von Landesverrat, Berlin 2002 sowie: Doerry, Martin/Janssen, Hauke (Hrsg.): Die SPIEGEL-Affäre. Ein Skandal und seine Folgen, Stuttgart 2013.

[27] Grundlegend: Zimmermann, John: Ulrich de Maizière. General der Bonner Republik 1912 bis 2006, München 2012 sowie: Hammerich, Helmut R./Schlaffer, Rudolf J. (Hrsg.): Militärische Aufbaugeneration der Bundeswehr 1955 bis 1970. Ausgewählte Biografien, München 2011.

kurz vor seinem Tod einen großen Teil seiner Korrespondenz, anstatt sie der historischen Forschung zu erhalten.[28] Dabei wäre es äußerst interessant, seine Beweggründe für diesen Schritt nachvollziehen zu können. Leider werden sich diese wohl nicht mehr rekonstruieren lassen. Im Fall von Johannes Steinhoff ist zwar ein Nachlass vorhanden, dieser ist bisher aber nur ansatzweise wissenschaftlich erschlossen worden.[29] Dementsprechend ist auch die Forschungslage zu den bestimmenden Biografien der Luftwaffe prekär. Hier öffnet sich ein breites und drängendes Handlungsfeld für zukünftige, militärhistorische Studien. Denn ohne einen fundierten Blick auf die Akteure lassen sich viele wichtige Entscheidungsprozesse auf der Führungsebene der Bundeswehr in ihren ersten Jahrzehnten kaum korrekt verstehen und einordnen.

Was der Forschung in Deutschland darüber hinaus immer noch fehlt, ist eine Betrachtung des Führungsdenkens und doktrinären Kerns der Luftwaffe. Denn durch die Beschäftigung mit Ausrichtung und Selbstbild der Luftstreitkräfte in der Frühphase ihres Bestehens wird gleichsam der Boden für weitere Forschungen in Bereichen der Luftwaffengeschichte geebnet. So wie eine Doktrin den Überbau aller Vorschriften und damit aller Alltagsbereiche einer Armee bildet, so kann die Erforschung von Doktrinen Ähnliches für die Militärgeschichtsschreibung leisten.

Die vorliegende Studie verortet sich zwischen der bereits erschienenen Grundlagenforschung zur Luftwaffe und den nun immer häufiger erscheinenden Studien zu Detailbereichen der Geschichte der Luftstreitkräfte der Bundeswehr.

Denn so viel sei an dieser Stelle bereits vorweggenommen: Die Luftwaffe war durchaus mehr als nur eine kleinere Kopie der US Air Force auf westdeutschem Boden.[30] Sie hatte ihre ganz spezifischen historischen, personellen und politischen Hintergründe. Sie war Teil einer deutschen Armee, zugleich aber auch Teil eines multinationalen Bündnisses. Ihre Führungsvorschriften

---

[28] Schmidt, Wolfgang: „Seines Wertes bewusst!" General Josef Kammhuber, in: Helmut R. Hammerich/Josef Schlaffer (Hrsg.). Militärische Aufbaugeneration der Bundeswehr 1955 bis 1970. Ausgewählte Biografien, München 2011, S. 351-381, hier: S. 353f.

[29] Zu Steinhoff siehe: Möllers, Heiner: „Ein unbequemer Mann!" – General Johannes Steinhoff, in: Eberhard Birk/Ders./Wolfgang Schmidt (Hrsg.). Die Luftwaffe in der Moderne (= Schriften zur Geschichte der Deutschen Luftwaffe, Bd. 1), Berlin 2011, S. 141-175 sowie: Möllers, Heiner: Auswege aus der „Starfighter-Krise". General Steinhoffs Ringen um Befugnisse, in: Eberhard Birk/Ders./Wolfgang Schmidt (Hrsg.). Die Luftwaffe zwischen Politik und Technik (= Schriften zur Geschichte der Deutschen Luftwaffe, Bd. 2), Berlin 2012, S. 124-144.

[30] Vgl.: Schmidt, Wolfgang: Die Amerikanisierung der Luftwaffe von 1955 bis 1975, in: Eberhard Birk/Heiner Möllers/Ders. (Hrsg.). Die Luftwaffe in der Moderne (= Schriften zur Geschichte der Deutschen Luftwaffe, Bd. 1), Berlin 2011, S. 95-123.

geben einen Eindruck von dieser Gemengelage. Ihre Betrachtung ist den Aufwand wert, um Ansätze für die Forschung der Zukunft zu schaffen.

Im Kontext dieser Arbeit ist eine Begriffsdefinition notwendig, um zu klären, was Doktrinen und Einsatzkonzeptionen sind und wie sich beide Begriffe voneinander unterscheiden: Als *Einsatzkonzeption* soll hier grob ein Konzept für den Einsatz einer militärischen Formation im Kriegs- und Konfliktfall verstanden werden. Gerade Luftwaffen-Einsatzkonzepte besitzen dabei verschiedene Ebenen, die nicht alle gleichermaßen Eingang in die Betrachtung dieser Arbeit finden. Relevant ist hier vor allem die oberste Ebene, das „Grobkonzept" einer Einsatzkonzeption. Sie beschreibt, unter welchen Voraussetzungen und mit welchen Waffensystemen eine militärische Formation ein an sie gestelltes Ziel erreichen soll. Einsatzkonzepte sind dabei stark von den an sie gestellten militärischen und politischen Erwartungen abhängig. Nicht zuletzt unterliegen sie aber in erster Linie den technischen Beschränkungen der mit ihnen verbundenen Waffensysteme und Geräte. Gerade die Luftwaffe, als die am stärksten technisierte Teilstreitkraft, ist dabei in der Planung ihrer Einsätze von den Parametern ihrer Technik abhängig. Die verschiedenen Einsatzkonzeptionen der Luftwaffe aus den 1950er und 1960er Jahren lassen deshalb immer wieder durchblicken, zu welchen Einsätzen im Rahmen des erwarteten Kriegsbildes sich die Truppe selbst in der Lage sah und wo die Grenzen des technisch und organisatorisch Machbaren für die Luftwaffe lagen.

Der zweite, zentrale Begriff dieser Arbeit ist jener der *Doktrin*. Eine Militärdoktrin ist laut geltender NATO Definition charakterisiert als: *„[A] fundamental principle by which the military forces guide their actions in support of objectives. It is authoritative but requires jugdement in application."*[31] Diese Definition ist jedoch bewusst vage gehalten. Sie soll es den einzelnen Bündnismitgliedern ermöglichen, im Rahmen ihrer eigenen Streitkräfte unterschiedliche Definitionen des Doktrin-Begriffes zu verwenden. Diese sind dann auf die jeweiligen nationalen, politischen und historischen Hintergründe zugeschnitten. Grundsätzlich kann eine Doktrin aber folgendermaßen beschrieben werden: Sie ist eine oberste Führungsanweisung zu Selbstverständnis und Einsatz einer militärischen Teilstreitkraft oder Formation. Doktrinen geben dabei keine praktischen Hinweise für das Verhalten im tatsächlichen Gefecht, sondern bilden den theoretischen Rahmen für die Handlungen der jeweiligen Streitkräfte in Gänze. Die typischen Kernthemen einer Doktrin sollen dabei die bereits genannten Fragen beantworten: Wer sind wir? Was ist unser Auftrag? Wie wollen wir diesen Auftrag erfüllen? Doktrinen sind Grundlagendokumente, auf deren Fundament nachfolgen-

---

[31] NATO: AAP-6 Nato Glossary of Terms and Definitions, 2015, http://nso.nato.int/nso/nsdd/APdetails.html?APNo=2174&LA=EN (Stand: 13.6.2016).

de, wesentlich detailliertere Führungsanweisungen erstellt werden. Hauptanwendungsgebiet einer Doktrin ist weniger der Truppenalltag, als vielmehr die Ausbildung. Mit doktrinären Anweisungen sollen Soldaten das grundsätzliche Selbstverständnis und die Aufgaben der Teilstreitkraft vermittelt werden, in der sie dienen. Doktrinen oder mit ihnen vergleichbare Führungsdokumente stellen zudem das Bindeglied zwischen der nationalen Sicherheitspolitik beziehungsweise der eines Bündnisses und den jeweiligen Streitkräften her, die diese Vorgaben im Kriegsfall umsetzen müssen. Sie sind deshalb sowohl von den geltenden politischen Leitlinien ihres Staates als auch von den militärischen Möglichkeiten des antizipierten Gegners abhängig. Dies erklärt auch, weshalb Militärdoktrinen sich in einem Prozess stetigen Wandels befinden. Sie müssen sich kontinuierlich an die geltenden sicherheitspolitischen Bedingungen anpassen und haben meist nur eine Gültigkeit von wenigen Jahren oder Jahrzehnten.

Doktrinen und Führungsdokumente besitzen einen besonderen militärhistorischen Wert, denn sie lassen einen direkten Rückschluss auf die militärischen, politischen und bisweilen gar gesellschaftlichen Umstände jener Zeit zu, in der sie entwickelt und angewendet wurden. Dabei zeichnen sie sich durch ihre „Vogelschauperspektive" aus, mit der sie das militärische Umfeld, auf das sie sich beziehen, aus einer gewissen Distanz und mit einem hohen Grad an theoretischer Abstraktion beschreiben.

Doktrinen legen mit ihren verbindlichen Aussagen die Eckpfeiler jeglicher militärischer Tätigkeit in ihrem Wirkungsfeld fest. So bestimmen sie die Ausbildung von Soldaten im Hinblick auf das zu erwartende Kriegsbild. Sie legen den Rahmen für die Beschaffung neuer Militärtechnik und deren Unterhalt fest. Sie regeln zudem das Organisations- und Kommandoschema ihres Wirkungsbereiches. Nicht zuletzt kann zwischen den Zeilen von Doktrinen gelesen werden, um beispielsweise einen Fokus auf Inhalte zu legen, die in ihnen gerade nicht erwähnt werden. Hier zeigt sich dann die besondere Relevanz von Doktrinen für die vorliegende Arbeit. Denn gerade im Rahmen der NATO, die für die tatsächlichen Einsatzkonzepte der Bundeswehr im Kalten Krieg maßgeblich war, konnte die westdeutsche Armee durch eigene Führungsanweisungen versuchen, nationale Schwerpunkte darzulegen, die sich aus der Rolle der Bundesrepublik als Frontstaat der Blockkonfrontation ergaben. Diese Punkte mussten dabei nicht zwangsläufig von anderen Bündnispartnern geteilt werden, weshalb es bei der Konzeption einer neuen Doktrin oder Führungsanweisung gerade für die Luftwaffe immer galt, dass bindende, bündnispolitische Richtlinien nicht eigenmächtig außer Kraft gesetzt werden durften.

Der folgende Hauptteil der Arbeit unterteilt sich in zwei Abschnitte. In einem ersten Abschnitt sollen die Grundlagen für das Verständnis des Luftkrieges und der sicherheitspolitischen Lage in der ersten Hälfte des Kalten Krieges gelegt werden. Dazu ist es nicht unerheblich, zuerst einmal ein Grundverständnis dafür zu schaffen, was Luftkrieg überhaupt bedeutet und wie er sich historisch entwickelt hat. Die Recherche hat gezeigt, dass sich die Natur des Krieges in der Luft mitunter deutlich von jener am Boden oder zu See unterscheidet. Die spezifischen Bedingungen und Parameter des Luftkrieges werden deshalb unter II. 1. *Der Luftkrieg – Entwicklung bis 1955* skizziert. Natürlich kann dies nur im Rahmen eines kurzen Übersichtskapitels erfolgen. Anschließend soll der größere Handlungsrahmen abgesteckt werden, in dem die Luftwaffe in der Phase ihrer Aufstellung agieren musste. Dies erfolgt unter Kapitel II. 2. *Das sicherheitspolitische Umfeld*. Hier wird es darum gehen, sowohl die militärpolitischen Herausforderungen der NATO, innerhalb als auch außerhalb des Bündnisses, darzustellen und ihre Relevanz für den Aufbau der Luftwaffe zu verdeutlichen. Außerdem wird an dieser Stelle auch das spezielle Sicherheitsbedürfnis der Bundesrepublik thematisiert, welches nicht zwangsläufig mit jenem der Bündnismitglieder in Einklang zu bringen war.

Im zweiten Abschnitt des Hauptteiles geht es im Wesentlichen um die Beantwortung der Fragestellung. Dazu soll in einem ersten Kapitel unter dem Titel III. 1. *Der Standpunkt der Luftwaffe innerhalb der Bundeswehr* der ersten doktrinären Frage nachgegangen werden, nämlich „Wer sind wir als militärischer Verband?". Diese Frage war bereits während des Aufbaus der Luftwaffe von besonderer Brisanz, insbesondere in Abgrenzung zu den militärischen Konzeptionen und Erwartungen der Heeresführung der Bundeswehr. Es folgen die beiden Kapitel III. 2. *Luftangriff* und III. 3. *Luftverteidigung*, in welchen die beiden übrigen Fragen aufgeschlüsselt werden sollen; „Wie lautet unser Auftrag?" und „Wie wollen wir diesen Auftrag erfüllen?".

Abschließend sollen die Ergebnisse dieser Arbeit in einer kurzen Zusammenfassung gebündelt werden.

II. Rahmenbedingungen

1. Der Luftkrieg – Entwicklung bis 1955

Der Aufstieg des Menschen in die Luft mit der Erfindung der ersten Luftfahrzeuge im 18. Jahrhundert revolutionierte nicht nur die bisher bekannten Arten der Fortbewegung, sondern auch die der Kriegführung. In den einhundert Jahren nach der Entwicklung des bemannten Heißluftballons durch die Gebrüder Montgolfier, 1783, fanden die ersten fliegenden Verbände Eingang in die Armeen Europas. In Deutschland entstand die erste Einheit dieser Art 1884 mit dem preußischen Ballon-Detachement.[32] Ballone und die mit ihnen eng verwandten Luftschiffe bildeten die erste Evolutionsstufe von Luftfahrzeugen und wurden vornehmlich als Mittel der Luftaufklärung bis zum Beginn des Ersten Weltkrieges eingesetzt. Doch erst die Erfindung des motorbetriebenen Fliegens nach dem Prinzip „schwerer als Luft", also dem Flugzeug, ebnete ab 1903 den Weg für den Einsatz von Luftfahrzeugen in einer bisher nie dagewesenen Bandbreite an Aufgaben. Die ersten mit Flugzeugen ausgestatteten Fliegertruppen entstanden in den Armeen Frankreichs, Großbritanniens und Deutschlands um das Jahr 1910 und somit unmittelbar vor Beginn des Ersten Weltkrieges.[33] Zwar hatte es zuvor in kleineren Konflikten wie dem Italienisch-Türkischen Krieg 1911-12 und den Balkankriegen 1912-13 bereits vereinzelte Einsätze von Flugzeugen gegeben, aber über einfache Erkundungsflüge oder primitive Versuche von Bombenangriffen gingen diese kaum hinaus.[34] Die grundsätzlichen Eigenschaften, welche die Vielseitigkeit von Flugzeugen auch bis in die Gegenwart hinein noch ausmachen, zeigten sich schon in den frühen Tagen ihrer militärischen Verwendung: Geschwindigkeit, Flexibilität im Einsatz, hohe Reichweite und die Fähigkeit zur schnellen Schwerpunktbildung.[35]

Betrachtet man rückblickend die technische Entwicklung von Luftfahrzeugen während des Ersten Weltkrieges[36], dann fallen Gemeinsamkeiten bei

---

[32] Feuchter, Georg W.: Der Luftkrieg. Vom Fesselballon zum Raumfahrzeug, Frankfurt a.M. 1962, S. 15f.
[33] Groehler; Olaf: Geschichte des Luftkriegs 1910 bis 1980, Berlin 1981, S. 14f.
[34] Vgl.: Paris, Michael: The First Air Wars – North Africa and the Balkans, 1911-1913, in: Journal of Contemporary History (26) 1991, S. 97-109, sowie: Feuchter: Der Luftkrieg, S. 26.
[35] BArch, BL 1/4525: LDv 100/1 Luftkriegführung (Rohentwurf), Art. 72, September 1967.
[36] Zum Ersten Weltkrieg vgl.: Leonhard, Jörn: Die Büchse der Pandora: Die Geschichte des Ersten Weltkrieges, München 2014; Münkler, Herfried: Der Große Krieg: Die Welt 1914

nahezu allen am Krieg beteiligten Nationen auf. Als Konflikt nie dagewesenen Ausmaßes boten die Kampfhandlungen ab 1914 ein frühes Experimentalumfeld zur Erforschung der möglichen Verwendungszwecke von Luftfahrzeugen. Keine Kriegspartei hatte dabei zu Beginn des Weltkrieges klare Vorstellungen darüber, welche Aufgaben ein militärisch eingesetztes Flugzeug genau übernehmen sollte. Die Maschinen wurden bei Kriegsbeginn in der Regel zu Einsätzen herangezogen, die in den Kriegen zuvor noch von der Kavallerie übernommen wurden. Dies bezog sich vor allem auf das Überbringen von Meldungen und die Gefechtsfeldaufklärung. In letzter Aufgabe wurden Flugzeuge zudem von bemannten Ballonen unterstützt, während Luftschiffe, gerade in Deutschland[37], für die See(fern)aufklärung und erste Bombardierungen im Hinterland des Gegners genutzt wurden.[38]

Die rapide technische Entwicklung des Flugzeuges im Ersten Weltkrieg offenbarte allerdings recht schnell, dass es in nahezu sämtlichen Aufgaben seinen mit Gasen gefüllten Vorläufern überlegen war. Flugzeuge waren schneller, vielseitiger und im industriellen Maßstab kostengünstiger in großen Stückzahlen zu bauen. Folglich wurden Luftschiffe und Ballone während des Krieges weitestgehend aus sämtlichen Luftstreitkräften verdrängt oder nur noch zu Spezialaufgaben verwendet.

a) Grundregeln des Luftkrieges

Der Erste Weltkrieg war nach heutigen Maßstäben nicht nur in vielerlei Hinsicht die Geburtsstunde der militärischen Fliegerei. In ihm zeigten sich auch erstmals die grundlegenden Regeln des Luftkrieges, also Gesetzmäßigkeiten, die über alle Epochen hinweg Gültigkeit beanspruchen. Sie stellen bis in die Gegenwart hinein die zentralen Parameter des Luftkrieges dar. An *erster* Stelle stand dabei die Erkenntnis, dass der Luftkrieg, viel stärker noch als Kampfhandlungen zu Lande oder Wasser, ein technisierter Krieg ist. In ihm dominieren die Leistungsmerkmale von Luftfahrzeugen maßgeblich den Verlauf und den Ausgang von Gefechten. Das bedeutet auch, dass die Erringung technischer Überlegenheit über den Gegner im Luftkrieg strategische Auswirkungen

---

bis 1918, Berlin 2013 sowie: Keegan, John: Der Erste Weltkrieg. Eine europäische Tragödie, Reinbek 2000.

[37] Zur deutschen Fliegertruppe im Ersten Weltkrieg vgl.: Potempa, Harald: Die Königlich-Bayerische Fliegertruppe 1914-1918, Frankfurt a.M. 1997.

[38] Zum ersten strategischen Bombenangriff der Geschichte am 1. Juni 1915 auf London vgl.: Grayzel, Susan R.: At Home and Under Fire. Air Raids and Culture in Britain from the Great War to the Blitz, Cambridge 2012, S. 29.

nach sich ziehen und zumindest in Teilen kriegsentscheidend sein kann, aber nicht sein muss. Somit ist in der Forschung auch umstritten, in wie fern der Luftkrieg in den Konflikten des 20. Jahrhunderts das bestimmende Element war. Generell spielte er in den Kriegen bis 1989 zwar eine zentrale, aber nicht die letztlich ausschlaggebende Rolle. Erst nach Ende der Blockkonfrontation wurden einige Konflikte scheinbar nahezu alleine durch den Einsatz von Luftstreitkräften entschieden, so beispielsweise der Zweite Golfkrieg 1991.[39] Doch auch in modernen Konflikten ist der Luftkrieg in erster Linie von Technik geprägt. Allerdings sollte aus dieser Erkenntnis nicht die Schlussfolgerung abgeleitet werden, den Luftkrieg allein auf die Technik seiner Waffensysteme zu beschränken.[40]

Als Folge der extremen Technisierung des Luftkrieges sind Luftstreitkräfte auch heute noch in besonders hohem Maße auf eine ausreichende Menge von Fachpersonal angewiesen. Vor allem Piloten und Techniker müssen seit den Pioniertagen der Fliegerei speziell und vor allem langwierig ausgebildet werden, um den hohen Ansprüchen zu genügen, die der Luftkrieg sowie seine Flugzeuge und Waffensysteme mit sich bringen.[41] Dies gestaltet die Rekrutierung von Personal schwierig und beschränkt den Nutzen, den Luftstreitkräfte aus dem System einer Wehrpflicht ziehen können. Eine Luftwaffe ist somit in erster Linie eine Teilstreitkraft hochgradig diversifizierter Spezialisten.[42] Diese Tatsache kollidierte beispielsweise in der Bundeswehr oft mit dem althergebrachten Ideal des deutschen Offiziers mit hoher Austauschbarkeit und großer Verwendungsbreite.[43]

Zudem spielen – als *zweiter* zentraler Faktor – im Luftkrieg Zahlenverhältnisse eine große Rolle. Dies bezieht sich in erster Linie auf die Fähigkeit, dem Gegner mit Hilfe von Luftfahrzeugen eine möglichst hohe Vernichtungskraft in der Luft entgegen zu bringen. Bei Kampfhandlungen von Heer und Marine lassen sich technische oder zahlenmäßige Unterlegenheit durch geschickten Einsatz der Waffen und des Personals sowie der Nutzung des Gelän-

---

[39] Vgl. dazu: Korkisch, Friedrich W.: Luftkriegsdoktrin in Diskussion. Kann Air Power allein politische Ziele erreichen? in: Österreichische militärische Zeitschrift (ÖMZ) (5) 1999, S. 575-586, sowie zum theoretischen Hintergrund: Warden, John: The Air Campaign. Planning for Combat, Washington 1988.
[40] Dieser Wesenszug herrscht bis heute (leider) immer noch in der populärwissenschaftlichen Beschäftigung mit dem Thema vor.
[41] Siehe: Fliegerausbildung im Atomzeitalter, in: Wehrkunde (8) 1956, S. 386-389.
[42] Siehe: Der Technische Offizier der Luftwaffe, in: Wehrkunde (8) 1961, S. 431-435, hier: S. 433.
[43] Birk, Eberhard: Steinhoff und sein „Bild des Offiziers in der Luftwaffe", in: Ders./Heiner Möllers/Wolfgang Schmidt (Hrsg.). Die Luftwaffe zwischen Politik und Technik (= Schriften zur Geschichte der Deutschen Luftwaffe, Bd. 2), Berlin 2012, S. 145-158, hier: S. 148.

des zumindest theoretisch ausgleichen. Im Luftkrieg hingegen zählt vor allem die quantitative Menge der Luftkampfmittel. Somit gewinnt auch die Notwendigkeit der Schwerpunktbildung eine zentrale Bedeutung beim Einsatz von Luftstreitkräften. Dies macht den Luftkrieg bis in die Gegenwart hinein in weiten Teilen zu einer äußerst statistischen und mathematisch berechenbaren Form der Kriegführung. Dementsprechend sind Luftstreitkräfte zunehmend auf den Einsatz moderner Datenverarbeitung und mathematischer Simulationsmodelle (Operations Research) angewiesen, wenn es darum geht, ihre Einsätze möglichst effizient zu planen.[44]

Eng mit der Frage der Quantität im Luftkrieg hängt auch das *dritte* Grundprinzip der Luftkriegführung zusammen: die Erringung der Luftüberlegenheit beziehungsweise Luftherrschaft.[45] Luftstreitkräfte waren bis zum Beginn der 1980er Jahre nur dann in der Lage, erfolgreich Operationen durchzuführen, wenn sie zu Beginn der Kampfhandlungen die Verbände des Gegners zumindest zeitlich und räumlich begrenzt ausschalten oder mit Masse vernichten konnten.[46] Gelang es ihnen, dadurch einen Grad an Dominanz über den Gegner zu erreichen, hatten sie die Luftüberlegenheit erlangt. Der Kampf um die Luftüberlegenheit konnte nicht nur im direkten Gefecht Flugzeug gegen Flugzeug, sondern ebenfalls durch die Vernichtung der gegnerischen Luftwaffe durch massive Bombenangriffe auf deren Flugplätze erfolgen. Erst im Anschluss war diejenige Seite, die die Luftüberlegenheit errungen hatte, in der Lage, mit ihren Verbänden auch in die Kampfhandlungen am Boden einzugreifen, ohne dabei hohe eigene Verluste riskieren zu müssen.

Aus dem oben beschriebenen folgte die *vierte* und letzte zentrale Lehre des Ersten Weltkrieges: Im Luftkrieg ist ein rein defensiver Einsatz der Luftwaffe niemals erfolgversprechend. Gerade die Ausschaltung der gegnerischen Luftstreitkräfte zu Beginn des Krieges oder in der Folge strategische Angriffe gegen das Hinterland des Gegners erfordern immer ein offensives Vorgehen. Ein rein defensiver Einsatz von Flugzeugen, beispielsweise nur zur Verteidi-

---

[44] Lemke: Konzeption und Aufbau der Luftwaffe, S. 457f. sowie: Zimmermann, Hans-Jürgen: Operations Research. Methoden und Modelle, Wiesbaden 2005, S. 6.
[45] Der Grad der Dominanz über den Gegner wird im Luftkrieg mit verschiedenen Begriffen bezeichnet. Er reicht von einer „günstigen Luftlage" über die „Luftüberlegenheit" bis hin zum Ideal der „Luftherrschaft". Bundeswehr: LDv 100/1, Art. 303 bis 305, 2009.
[46] Vor dem Hintergrund der starken Luftverteidigungsmaßnahmen auf dem Gebiet des Warschauer Vertrages wurden in der USAF in den 1980er Jahren Strategien entwickelt, um die Luftverteidigung des Gegners bei Angriffen quasi zu umgehen und die Kraftzentren seiner Nation direkt anzugreifen. Dies wurde 1991 im Rahmen des Luftkrieges der USA und ihrer Verbündeten gegen den Irak erstmals angewendet. Fadok, David S.: John Boyd and John Warden: Airpower's Quest for Strategic Paralysis, in: Phillip S. Meilinger (Hrsg.). The Paths of Heaven. The Evolution of Airpower Theory, Maxwell 1997, S. 357-398, hier: S. 370f.

gung des eigenen Territoriums, würde dem Gegner die Initiative im Luftkrieg überlassen. Außerdem ist ein solches Vorgehen nur bei massiven Aufwendungen durch den Bau von Jagdflugzeugen und Flugabwehrwaffen denkbar, was in der Regel die personellen und materiellen Ressourcen der meisten Nationen übersteigt. Natürlich bestätigen in diesem Zusammenhang Ausnahmen die Regel. Eine davon war beispielsweise der erfolgreiche Abwehrkampf der britischen Royal Air Force (RAF) gegen die deutsche Luftwaffe in der Luftschlacht um England 1940.[47] Dabei handelte es sich aber um einen bemerkenswerten Einzelfall, der nicht zuletzt dadurch ermöglicht wurde, dass die RAF kurz zuvor ihre bis dahin unterbewerteten Jagdfliegerkräfte deutlich verstärkt hatte.[48]

b) Strategischer und taktischer Luftkrieg

Im Ersten Weltkrieg entwickelten sich auch bereits die grundsätzlichen Einsatzoptionen militärischer Luftfahrzeuge. Neben ihrer Verwendung in der Luftverteidigung unterstützten Flugzeuge im taktischen Bereich Land- und Seestreitkräfte durch gezielte Angriffe auf Boden- oder Seeziele. Damit war die Fliegertruppe in der Lage, Luftnahunterstützung für Bodentruppen zu leisten (modern: Close Air Support), den Nachschub des Gegners durch die Abriegelung des Gefechtsfeldes zu unterbinden (Air Interdiction) und vor allem Luftaufklärung (Aerial Reconnaissance) zu bieten. Mit diesem Set an Aufgaben hatten sich die klassischen Anwendungsgebiete taktischer Luftstreitkräfte etabliert, die bis in die Gegenwart ihre Einsätze bestimmen.

Auch im strategischen Bereich bewährte sich das Flugzeug und löste in Form des weitfliegenden Bombers bis 1918 das Luftschiff in dieser Aufgabe weitestgehend ab. Erstmals in der Geschichte war eine Armee, die über derartige Waffen verfügte, nun in der Lage, kriegswichtige Ziele im Hinterland des Gegners direkt anzugreifen und damit den Krieg auf dessen gesamtes Territorium auszuweiten. Gerade dieser, in Ansätzen strategische Einsatz von Luftfahrzeugen im Ersten Weltkrieg trug maßgeblich dazu bei, die bisher gültige Tren-

---

[47] Die britischen Erfolge basierten dabei auf der Überlegenheit des eigenen Luftverteidigungssystems in Verbindung mit technischen und taktischen Beschränkungen der angreifenden deutschen Luftwaffe. Feuchter: Der Luftkrieg, S. 171 sowie Buckley, John: Air Power in the Age of Total War, London 1999, S. 130f.

[48] Meilinger, Phillip S.: Giulio Douhet and the Origins of Airpower Theory, in: Ders. (Hrsg.). The Paths of Heaven. The Evolution of Airpower Theory, Maxwell Air Force Base (Alabama) 1997, S. 1-40, hier: S. 24. Sowie hierzu generell: Maier, Klaus A.: Totaler Krieg und operativer Luftkrieg, in: MGFA (Hrsg.). Die Errichtung der Hegemonie auf dem europäischen Kontinent (= Das Deutsche Reich und der Zweite Weltkrieg, Bd. 2), Stuttgart 1979, S.43-69.

nung zwischen Front und Hinterland aufzulösen. Damit wurde auch die Zivilbevölkerung einer Nation unmittelbar in die Kampfhandlungen mit einbezogen. Dieser Umstand war maßgeblich für die Totalisierung des Krieges im industriellen Zeitalter, welche die weiteren Konflikte des 20. Jahrhunderts prägte.[49] Trotz dieser weitreichenden Entwicklungen während des Ersten Weltkrieges beschränkte sich die militärische Fliegerei in ihm in erster Linie auf den Einsatz im taktischen Bereich. Ein eigenständiger, strategischer Bomben- beziehungsweise Luftkrieg, wie er sich später im Zweiten Weltkrieg entwickelte, existierte in dieser Form bis 1918 noch nicht. Allerdings begannen insbesondere das Deutsche Reich, Frankreich und Großbritannien in der letzten Kriegsphase mit dem Aufbau von Bomberverbänden zu genau diesem Zweck.[50] Trotz ihrer wachsenden Bedeutung behielt die Fliegertruppe bis zum Ende des Ersten Weltkrieges den Status einer Hilfswaffe, die in die Strukturen von Heer oder Marine eingebunden war. Erst in unmittelbarer Folge des Krieges entstanden die ersten unabhängigen Luftwaffen als selbstständige Teilstreitkräfte, wie 1918 in Großbritannien.[51] So revolutionär das Aufkommen des Flugzeuges als Waffensystem während des Ersten Weltkrieges auch gewesen war, anders als in späteren Konflikten war es bis 1918 (noch) nicht kriegsentscheidend.[52]

c) Zwischenkriegszeit –
Das Aufkommen der ersten Luftkriegsstrategien

Die Fliegertruppe agierte auf deutscher Seite während des Krieges mit Masse defensiv. Hauptaufgabe ihrer starken Jagdfliegerkräfte war, vor allem nach dem Scheitern der deutschen Offensive im Westen, den Status Quo mit dem Erstarren der Fronten zum Stellungskrieg aufrecht zu erhalten. Die deutschen Jagdstaffeln sollten das eigene Frontgebiet möglichst frei von gegnerischen Luftstreitkräften halten und somit die eigenen Bodentruppen schützen. Damit stand das Agieren der deutschen Luftstreitkräfte auch im Einklang mit der nationalen Strategie im Krieg, in deren Mittelpunkt die Landstreitkräfte als zentrale Teilstreitkraft standen.[53] Obwohl der Einsatz der Fliegertruppen der Konfliktpar-

---

[49] Buckley: Air Power in the Age of Total War, S. 13.
[50] Deren vereinzelte Einsätze werden in der Literatur oft als Fanal des sich entwickelnden Bombenkrieges gesehen. Ebd., S. 61f.
[51] Die deutsche Luftwaffe entstand erst 1935 als eigenständige Teilstreitkraft. Auch die US Army Air Force errang erst 1949 als US Air Force einen eigenständigen Status.
[52] Buckley: Air Power in the Age of Total War, S. 67.
[53] Ebd., S. 44f. Dies galt auch für den ostwärtigen Kriegsschauplatz, vgl. die Beiträge von Rosenboom, Sebastian: Am Himmel zwischen Ostsee und Schwarzem Meer. Ein Überblick über die Einbindung deutscher Luftstreitkräfte an der Ostfront von 1914 bis 1918 (S. 40-54)

teien während des Ersten Weltkrieges gewisse Schwerpunkte aufwies, etablierte sich bis 1918 in keinem Land eine Form von Luftkriegsdoktrin im eigentlichen Sinn. Es existierten allenfalls taktische und technische Vorschriften über den möglichen Einsatz von Fliegerverbänden in begrenztem Rahmen. Dies sollte sich erst in der Konsolidierungsphase der Luftstreitkräfte nach 1918 ändern.

Hatten sich im Verlauf des Ersten Weltkrieges die grundsätzlichen Möglichkeiten des Flugzeuges als neuem Mittel der Kriegführung erstmals gezeigt, so begannen Militärs und zivile Theoretiker in der Zwischenkriegszeit, die Erfahrungen des Krieges auszuwerten. Zu ihnen gehörten Giulio Douhet in Italien, Hugh Trenchard in Großbritannien oder William „Billy" Mitchell in den USA, die bis heute als Vordenker moderner Luftstreitkräfte gelten.[54]

Am grundsätzlichen Aufgabenspektrum von Luftfahrzeugen änderte sich in der Zwischenkriegszeit wenig. Allerdings war es nun auch möglich, in größerem Umfang Güter und Menschen in Form des Lufttransportes zu bewegen. Die 1920er und 1930er Jahre waren in erster Linie eine Phase der technologischen Weiterentwicklung des Flugzeuges im militärischen aber auch zivilen Bereich. Zugleich ging damit eine Phase des Ausprobierens des neuen Kriegsmittels und seiner Einsatzmöglichkeiten einher, was nationenübergreifend zu langanhaltenden Rivalitäten zwischen Traditionalisten und Anhängern von Luftfahrzeugen führte.

Das Aufkommen der ersten Luftkriegstheorien wird heute in der Regel mit Giulio Douhet (1869-1930) verbunden, der in der Literatur häufig als „Vater" der Luftkriegslehre gilt.[55] Nach der Ausbildung zum Artillerieoffizier und einem Studium der Ingenieurswissenschaften hatte er sich schon früh mit den militärischen Anwendungsmöglichkeiten der Fliegerei beschäftigt.[56] Ab 1912 kommandierte Douhet das Turiner Luftfahrtbataillon, die erste Fliegereinheit der italienischen Armee. Auf Grund seiner scharfen Kritik an der italienischen Kriegführung wurde Douhet jedoch 1915 seines Postens enthoben und zu ei-

---

und Schilling, Daniel: Flugapparate über Ostpreußen. Luftkrieg in der Schlacht von Tannenberg (S. 55-79), beide in: Eberhard Birk/Heiner Möllers (Hrsg.). Luftwaffe und Luftkrieg (= Schriften zur Geschichte der Deutschen Luftwaffe, Bd. 3), Berlin 2015.

54 Vgl.: Mitchell, William A.: Winged Defense. The Development and Possibilities of Modern Air Power, Economic and Military, New York 1926, Mitchell wurde unterstellt, wesentliche Thesen Douhets gekannt und paraphrasiert zu haben, vgl. Flugel, Raymond R.: United States Air Power Doctrine: A Study of the Influence of William Mitchell and Giulio Douhet at the Air Corps Tactical School 1921-1935, University of Oklahoma 1966.

55 Buckley: Air Power in the Age of Total War, S.74.

56 Zu Douhet vgl. allgemein: Birk, Eberhard: Giulio Douhet und seine Architektur von „Luftherrschaft", in: Ders./Möllers, Heiner (Hrsg.). Luftwaffe und Luftkrieg (= Schriften zur Geschichte der Deutschen Luftwaffe, Bd. 3), Berlin 2015, S. 86-114, sowie: Birk, Eberhard: Giulio Douhet und die „Luftherrschaft", in: Österreichische militärische Zeitschrift (ÖMZ) (2) 2011, S. 150-159.

nem Jahr Haft verurteilt.[57] Zwar rehabilitierte man Douhet 1920 und er übernahm auch direkt nach seiner Haftentlassung die Leitung des Generalkommissariats für Luftfahrt, aber dennoch verließ er nach Ende des Krieges die Armee. Fortan widmete er sich der Verbreitung seiner Thesen zur Zukunft des Luftkrieges. Douhets zentrales Werk wurde sein Buch „Il Dominio de'll Aria", welches 1921 in Italien erschien.

In seinem Buch setzte sich Douhet mit den Lehren des Ersten Weltkrieges auseinander und entwickelte die These, dass allein Luftstreitkräfte in der Lage seien, die Kriege der Zukunft zu gewinnen. Aus diesem Grund solle das gesamte Augenmerk einer Armee auf den Aufbau möglichst starker Luftflotten gelegt werden. In deren Kern standen starke Bomberverbände als zentrale Angriffsmittel. Nach Beginn eines möglichen Krieges sollten diese Luftflotten in einem ersten Schritt die Luftstreitkräfte des Gegners auf ihren Stützpunkten vernichten und damit die Lufthoheit erringen. Im Anschluss sollten sie das gegnerische Hinterland mit seinen wirtschaftlichen, politischen und Bevölkerungszentren angreifen. Dabei wären nach Douhet Gas-, Spreng- und Brandbomben zum Einsatz gekommen, um einen möglichst verheerenden Effekt auf die gegnerische Zivilbevölkerung zu erzielen. Douhet ging davon aus, dass ein massiver Einsatz von Bomberflotten gegen gegnerische Städte den Kampfeswillen der Bevölkerung innerhalb von wenigen Tagen oder Wochen brechen und damit die Kapitulation der gegnerischen Nation bewirken würde.[58]

Douhets Thesen müssen dabei aber immer vor dem Hintergrund seiner Erfahrungen während des Ersten Weltkrieges beurteilt werden. Durch die technische Entwicklung des Flugzeuges als neuem Waffensystem sah Douhet erstmals die Möglichkeit gekommen, einen langwierigen und verlustreichen Stellungskrieg wie 1914 bis 1918 zu vermeiden.[59]

Zwar war seine Perzeption des Luftkrieges extrem und es unterliefen ihm Fehler in zentralen Details seines Konzeptes. Dennoch war Douhet einer der Ersten, der sowohl die Grundgesetze des Luftkrieges allgemein, als auch die Natur des strategischen Luftkrieges korrekt erkannte und daraus eine eigene Doktrin entwickelte.[60] Nicht zuletzt geht auf ihn die bis heute gebräuchliche

---

[57] Douhet wörtlich: „[Es ist] sinnlos, der dummen und verantwortungslosen Generalität ihre Kampfführung auszureden." Zitiert nach: Korkisch, Friedrich W.: Luftkrieg „neu". Mehr Evolution als Revolution (Teil 1), in: Österreichische militärische Zeitschrift (ÖMZ) (2) 2014, S. 156-168, hier: S. 167 Anm. 15.

[58] Douhet, Giulio: Luftherrschaft, Berlin 1935, S. 24.

[59] Ebd.

[60] Der Einfluss Douhets auf die Entwicklung des Luftkrieges ist umstritten. Erst nach seinem Tod wurden seine Werke auch außerhalb Italiens breiter rezipiert. Eberhard Birk geht davon aus, dass Kerngedanken Douhets auch Eingang in die Formulierung der L.D.v 16 der Reichsluftwaffe (1935/36) fanden. Birk, Eberhard: Die Idee der „Luftherrschaft" von

Verwendung des Begriffes „Luftmacht" zurück, also die Fähigkeit einer Nation oder Luftwaffe, durch die Beherrschung des Luft- oder Weltraumes militärischen, politischen oder wirtschaftlichen Druck auf eine andere Nation auszuüben. Dieser zentrale Begriff steht heute noch im Zentrum vieler moderner Luftkriegsdoktrinen – auch der aktuellen Führungsvorschrift der Luftwaffe.[61] Da Douhet in seinen Schriften einen strategischen Luftkrieg in Reinform propagierte, wurden seine Thesen gerade in den USA während der Hochphase des Kalten Krieges häufig rezipiert. Seine Ansichten ließen sich nahezu deckungsgleich auf strategische Bomberverbände zum Nuklearwaffeneinsatz übertragen. Damit lässt sich zugleich die wesentlich geringere Popularität Douhets bei solchen Nationen erklären, deren Luftstreitkräfte in erster Linie taktische Aufgaben wahrnehmen, so beispielsweise in der Bundesrepublik.[62]

Ähnliche Überlegungen wie Douhet stellten in der Zwischenkriegszeit auch andere Theoretiker an, so beispielsweise Hugh Trenchard, der erste Oberbefehlshaber der Royal Air Force. Seine Überlegungen gingen in eine ähnliche Richtung wie jene Douhets. Auch er sah den strategischen Einsatz von Bombern im Mittelpunkt seiner Theorien zur Natur des Luftkrieges. Allerdings propagierte Trenchard nicht den massenhaften Angriff auf Bevölkerungszentren, sondern die Vernichtung des Wirtschaftspotentials des Gegners – mit dem Ziel, die Moral der werktätigen Arbeiterschaft zu schädigen.[63] Ein solches Denken in zunehmender Loslösung von den strategischen Konzeptionen der Land- und Seestreitkräfte führte dazu, dass sich Luftstreitkräfte in den Armeen der Zwischenkriegszeit ein erhebliches Maß an Eigenständigkeit erarbeiten konnten und sich zunehmend von ihrer Bindung an andere Teilstreitkräfte lösten. Eben deswegen entstand in Großbritannien bereits 1918 die Royal Air Force als erste selbstständige Luftstreitkraft der Welt und im Deutschen Reich offiziell ab 1935 die Luftwaffe.[64]

Douhet und ihre Rezeption im Deutschen Reich, in: Ders./Heiner Möllers/Wolfgang Schmidt (Hrsg.). Die Luftwaffe in der Moderne (= Schriften zur Geschichte der Deutschen Luftwaffe, Bd. 1), Berlin 2011, S. 19-41, hier: S. 35.

[61] Bundeswehr: LDv 100/1, Art. 201, 2009.
[62] Birk: Douhet und seine Architektur von Luftherrschaft, S. 108f.
[63] Meilinger, Phillip S.: Airwar. Theory and Practice, London/Portland 2003, S. 42.
[64] Vgl.: Robertson, Scot: Development of RAF Strategic Bombing Doctrine 1919-1939, Westport CT/London 1995 sowie: Corum, James S.: The Luftwaffe. Creating the Operational Air War 1918-1940, Lawrence 1997.

d) Zweiter Weltkrieg –
Das Trauma der Niederlage der deutschen Luftwaffe

Über die Geschichte des Luftkrieges im Zweiten Weltkrieg liegen zahlreiche Studien vor.[65] In Deutschland standen im Fokus dieser Betrachtungen meist die vermeintlich „überragenden" Leistungen der deutschen Jagdpiloten, die insbesondere in der unmittelbaren Nachkriegszeit in großen Teilen der populärwissenschaftlichen Literatur thematisiert wurden.[66] Ansonsten widmet sich bis heute ein Großteil wissenschaftlicher Studien dem alliierten Bombenkrieg gegen deutsche Rüstungs- und Bevölkerungszentren in der zweiten Hälfte des Krieges.[67] Gerade dieser Punkt kann dabei als die herausragende Besonderheit des Zweiten Weltkrieges gesehen werden. Denn die strategischen Luftoffensiven der Royal Air Force und United States Army Air Forces (USAAF) gegen das Deutsche Reich und Japan gelten als einige der wenigen Beispiele für einen selbstständigen, strategischen Luftkrieg in der Geschichte.[68]

Aus Sicht der deutschen Luftwaffe war der Zweite Weltkrieg[69] vor allem mit der Erkenntnis verbunden, dass die eigenen Streitkräfte für die Kampf-

---

[65] Vgl.: Boog, Horst: Die deutsche Luftwaffenführung 1935 – 1945, Stuttgart 1982; Boog, Horst: Der anglo-amerikanische strategische Luftkrieg über Europa und die deutsche Luftverteidigung, in: Ders. u.a. (Hrsg.). Von Pearl Harbor zum Bombenkrieg über Europa (= Die Welt im Krieg 1941-1943, Bd. 1), Frankfurt a.M. 1992, S. 499-655; Boog, Horst: Strategischer Luftkrieg in Europa und Reichsluftverteidigung 1943-1944, in: MGFA (Hrsg.). Das Deutsche Reich in der Defensive. Strategischer Luftkrieg in Europa, Krieg im Westen und in Ostasien 1943-1944/45 (= Das Deutsche Reich und der Zweite Weltkrieg, Bd. 7), Stuttgart 2001, S. 3-415 sowie: Völker, Karl-Heinz: Die deutsche Luftwaffe 1933-1939, Stuttgart 1967.
[66] Ein Großteil dieser Bücher erschien in den 1960er und 1970er Jahren im Stuttgarter Motorbuch-Verlag. Werke wie „Holt Hartmann vom Himmel" oder Autobiografien wie Adolf Gallands „Die Ersten und die Letzten" haben das populäre Bild des Luftkrieges in Deutschland lange auf den Einsatz von Jagdpiloten verengt. Bis heute tragen sie maßgeblich zu deren ex post Heroisierung bei. Vgl. dazu: Zimmermann, John: Pflicht zum Untergang. Die deutsche Kriegführung im Westen des Reiches 1944/45, Paderborn 2009, S. 457-459 sowie: Fuhs, Burkhard: Fliegende Helden. Kultur der Gewalt am Beispiel von Kampfpiloten und ihren Maschinen, in: Rolf W. Brednich/Walter Hartinger (Hrsg.). Gewalt in der Kultur. Vorträge des 29. Deutschen Volkskundekongesses Bd. II, Passau 1994, S. 705-720, hier S. 706f. u. S. 711f.
[67] Vgl. dazu Exemplarisch: Overy, Richard: Der Bombenkrieg: Europa 1939 bis 1945, Berlin 2014 sowie: Friedrich, Jörg: Der Brand. Deutschland im Bombenkrieg, Frankfurt a.M. 2002.
[68] Lemke: Konzeption und Aufbau der Luftwaffe, S. 75.
[69] Zum Zweiten Weltkrieg und der Rolle der Wehrmacht vgl.: Militärgeschichtliches Forschungsamt der Bundeswehr (Hrsg.): Das Deutsche Reich und der Zweite Weltkrieg (10 Bde.), Stuttgart 1979-2008 sowie: Weinberg, Gerhard L.: Eine Welt in Waffen. Die globale

handlungen des Krieges völlig unzureichend konzipiert worden waren. Diese Fehlkonstruktion, der zahlreiche Ursachen zu Grunde lagen, bewirkte spätestens ab 1942, dass sich die Luftwaffe zunehmend in der Defensive befand. Gegen die alliierte Übermacht, die aus dem enormen Rüstungspotential der sowjetischen und vor allem US-amerikanischen Flugzeugindustrie resultierte, konnten auch das auf deutscher Seite hastig initiierte Jäger-Bauprogramm und der teilweise Einsatz technisch fortschrittlicher Kampfflugzeuge ab 1943 kaum etwas bewirken.[70] In der Folge verlor die Luftwaffe insbesondere über dem eigenen Reichsgebiet aber auch im Frontbereich zunehmend die Luftüberlegenheit, wodurch die strategischen Bomberoffensiven von RAF und USAAF gegen das Deutsche Reich überhaupt erst möglich wurden.

In der nach 1945 einsetzenden Ursachenforschung zu dieser als frühe Niederlage der Luftwaffe empfundenen Situation wurden diverse Gründe diskutiert. Die prominenteste These war jene, dass die Luftwaffe bei ihrer Konstruktion in den 1930er Jahren zu einseitig in die Rolle einer Heeresunterstützungswaffe gedrängt wurde. Als eines von wenigen Beispielen in der Geschichte von Luftstreitkräften besaß die Reichsluftwaffe ein Verhältnis von Jagd- zu sonstigen Frontflugzeugen von eins zu drei.[71] In der Regel machte der Anteil von Jagdflugzeugen in Luftstreitkräften der Zeit aber mindestens die Hälfte aller Maschinen aus. In der Folge war es der Luftwaffe zwar möglich, in der ersten Kriegsphase das schnelle Vorrücken der beweglichen Panzerverbände des Heeres, im Blitzkrieg gegen Polen 1939 und Frankreich 1940, durch effektive Luftnahunterstützung zu decken. Als es jedoch mit der allmählichen Kriegswende ab 1942 notwendig wurde, das eroberte und eigene Territorium zu verteidigen, fehlte es auf deutscher Seite dafür an Jagdpiloten und Jagdflugzeugen. Dieser Mangel konnte auch durch eine Beschleunigung der Ausbildung und eine Steigerung der Produktion nicht ausgeglichen werden. In der Folge wurde von ehemaligen Luftwaffensoldaten oft die Anklage erhoben, dass die heeresdominierte Führung der Wehrmacht die Luftwaffe sprichwörtlich in Form einer „fliegenden Artillerie" an der Front verheizt hätte. Völlig abwegig

---

Geschichte des Zweiten Weltkrieges, Stuttgart 1995; zum Kriegsende: Zimmermann: Pflicht zum Untergang; außerdem zur Nachkriegsgesellschaft: Echternkamp, Jörg: Soldaten im Nachkrieg. Historische Deutungskonflikte und westdeutsche Demokratisierung 1945-1955, München 2014 sowie: Assmann, Aleida/Frevert, Ute: Geschichtsvergessenheit – Geschichtsvergessenheit. Vom Umgang mit deutschen Vergangenheiten nach 1945, Stuttgart 1999.

70 Schabel, Ralf: Die Illusion der Wunderwaffen. Die Rolle der Düsenflugzeuge und Flugabwehrraketen in der Rüstungspolitik des Dritten Reiches, München 1994, S. 196f. u. S. 293.
71 BArch, BW 9/3553, Studiengruppe Heimatverteidigung, Tgb. Nr. 638/54 geh., 22.10.1954.

war diese Aussage nicht, denn in der Tat dominierte ein alles umfassender Offensivgedanke das Führungsdenken der Luftwaffe.[72]

Auch gravierende wirtschaftliche Gründe wurden als Erklärung für das Versagen der Luftwaffe angeführt. Denn trotz der massiven Rüstungsanstrengungen vor und während des Krieges mangelte es dem Deutschen Reich offensichtlich an Ressourcen, um umfassend ausgerüstete Luftstreitkräfte sowohl im taktischen als auch im strategischen Bereich aufzustellen. Die Option, einen wirkungsvollen strategischen Luftkrieg zu führen, fehlte der Luftwaffe bis 1945 nahezu komplett.[73]

Stattdessen etablierte sich in der Wehrmacht der Begriff des „operativen" Luftkrieges, also der stellen- und zeitweise Einsatz von taktischen Bombereinheiten gegen vereinzelte, als strategisch empfundene Ziele. Dahinter stand allerdings weder ein fundiertes Luftkriegskonzept noch eine geeignete materielle Ausrüstung, um derlei Einsätze langanhaltend durchführen zu können.[74]

Historiker wie Georg Feuchter führten in den 1960er Jahren zudem das Argument ins Feld, dass der deutschen Luftfahrtindustrie ab Ende der 1930er Jahre immer mehr Selbstständigkeit und Innovationskraft genommen wurde, weil das Reichsluftfahrtministerium unter Herrmann Göring viel zu häufig in Flugzeugprojekte eingegriffen habe. Im Ergebnis sei somit vor allem die weitverbreitete Inkompetenz im Führungsapparat des Luftfahrtministeriums Schuld an mangelhafter Ausrüstung und verfehlten Einsatzkonzepten der Luftwaffe gewesen. Derlei eindimensionale Erklärungen gehen aber in der Regel an der Komplexität von Luftstreitkräften vorbei. Sie wurden gerade von Vertretern der Kriegsgeneration gerne herangeführt, wenn es darum ging, einen klaren Schuldigen am Versagen der Luftwaffe zu benennen. Nicht selten dürfte dabei auch ein Ablenken von der eigenen Verantwortung eine Rolle gespielt haben.[75] Tatsächlich war im Fall der Reichsluftwaffe und ihrem Einsatz im Zweiten Weltkrieg eine Gemengelage unterschiedlichster Probleme in der Summe dafür verantwortlich, dass ihre Einheiten in der zweiten Hälfte des Krieges merklich in die Defensive gerieten. Dazu zählten die bereits bei Kriegsbeginn zu wenig zentralisierte deutsche Rüstungsindustrie mit zu geringen Kapazitäten für die Massenproduktion, der eklatante Treibstoffmangel in den letz-

---

[72] Vgl. dazu: Boog, Horst: Führungsdenken in der deutschen Luftwaffe im Zweiten Weltkrieg, in: Militärgeschichtliches Forschungsamt (Hrsg.). Vorträge zur Militärgeschichte Bd. 9, Operatives Denken und Handeln in deutschen Streitkräften im 19. und 20. Jahrhundert, Herford 1988, S. 183-206., hier: S. 183.
[73] Lemke: Konzeption und Aufbau der Luftwaffe, S. 98.
[74] Ebd., S. 74.
[75] Vgl. dazu: Feuchter: Der Luftkrieg, S. 105 sowie: Galland: Die Ersten und die Letzten. Die Jagdflieger im Zweiten Weltkrieg, Darmstadt 1953, S. 208 u. 249f.

ten beiden Kriegsjahren und die Unfähigkeit, während des Krieges große Zahlen an qualifiziertem Personal für die Luftwaffe auszubilden.[76] Auch die ineffektive Typenvielfalt, der eklatante Mangel an Lufttransportkapazitäten und eine völlig unzureichende Führungsorganisation für die Luftwaffe und die Gesamtstreitkräfte wirkten sich negativ aus. In der Kombination dieser Faktoren musste die Luftwaffe zwangsläufig versagen. Letztlich blieb aber in den Köpfen des Offizierskorps der Luftstreitkräfte in erster Linie das Gefühl verhaftet, dass ihre Waffengattung auf Grund von Fehlkonstruktionen versagt habe und somit weit hinter ihren militärischen Möglichkeiten zurückgeblieben war.[77] Diese Einschätzung war ab 1955 ein wesentlicher Faktor im planerischen Denken der ersten Führungsgeneration der neuen Luftwaffe. Es personifizierte sich besonders in den Konzepten ihres ersten Inspekteurs, Generalleutnant Josef Kammhuber. Die Erfahrung der eigenen Niederlage im Krieg muss deshalb bei der nachfolgenden Betrachtung des doktrinären Denkens in der Luftwaffe immer mitgedacht werden.

e) Nachkriegszeit – Die technische Revolution im Luftkrieg

Wie bereits die Kampfhandlungen zwischen 1914 und 1918 bewirkte auch der Zweite Weltkrieg einen Quantensprung im technischen Bereich des Waffen- und Flugzeugbaus. Alle Flugzeugarten steigerten während des Krieges ihre Geschwindigkeit und Steigleistung erheblich. Zudem wurden sie mit immer schwereren Waffen ausgerüstet. Damit zeigte sich erneut eine Grundtendenz der militärischen Fliegerei, nämlich die immer weiter voranschreitende Technisierung des Luftkrieges. Mit dieser Entwicklung ging zugleich eine Professionalisierung der Akteure des Luftkampfes einher. Beginnend bei der Luftfahrtindustrie, über die militärische Führungsebene bis hin zur Ausbildung von Piloten, Technikern und Logistikern.

Der Zweite Weltkrieg hatte unzählige technische Entwicklungen zur Folge, unter denen drei herausstachen, die die Natur des Luftkrieges in der Zeit nach 1945 grundlegend verändern sollten. Diese Entwicklungen wurden zu den zentralen Faktoren der militärischen Luftfahrt in der Zeit der Blockkonfrontation: Überschallflug, Raketenwaffen und die Atombombe – die „absolute" Waffe.[78]

---

[76] Buckley: Air Power in the Age of Total War, S. 20 sowie: Schabel: Die Illusion der Wunderwaffen, S. 293f.
[77] Siehe: „Die Luftwaffe – der hervorragende Faktor eines Krieges.", in: Wehrkunde (2) 1955, S. 42-44, hier: S. 42f.
[78] Vgl.: Brodie, Bernhard (Hrsg.): The absolute Weapon. Atomic Power and World Order, New Haven (Harcourt) 1946.

Schon kurz nach Ende des Krieges begannen sich diese neuen Technologien in Kombination mit der veränderten Weltpolitik auf die Erscheinung des Luftkrieges auszuwirken. Fortan stand die aufkeimende Blockkonfrontation mit ihrer nuklearen Bedrohung im Vordergrund der globalen Sicherheitspolitik. Träger dieser Bedrohung und gleichzeitig auch einzig effektiver Schutz vor ihr waren auf beiden Seiten des Eisernen Vorhanges die Luftstreitkräfte. Vor allem die Kombination von Überschall- und Raketenflug mit der Vernichtungskraft von Nuklearwaffen bewirkte, dass spätestens 1957 mit dem Sputnik-Schock die Gefahr eines möglicherweise atomar geführten dritten Weltkrieges auch auf das Hinterland der USA und UdSSR ausgriff. Luftstreitkräften fiel in diesem Szenario einerseits die Aufgabe zu, einen möglichen Nuklearangriff selbst auszuführen. Dazu standen ihnen atomar bewaffnete Langstreckenbomber, Jagdbomber (Jabo) sowie später auch ballistische Raketen zur Verfügung, mit denen strategische Angriffe gegen kriegswichtige Ziele des Gegners ausgeführt werden konnten. Andererseits waren auch nur die Luftstreitkräfte in der Lage, durch eine möglichst umfassende Luftverteidigung derartige Angriffe des Gegners abzuwehren. Land- und Seestreitkräften fehlte es im Kriegsbild eines umfassenden Nuklearkrieges schlichtweg an Mitteln, um in den Luftkampf noch entscheidend eingreifen zu können. Die Kombination maximaler Vernichtung mit überlegener Reichweite und Geschwindigkeit bewirkte, dass zumindest bis 1967 – dem Zeitpunkt der Implementierung der Flexible Response – Luftstreitkräfte die zentralen Teilstreitkräfte des Kalten Krieges waren. In der Konsequenz kam es innerhalb der Armeen vieler Länder zu teils heftigen Verteilungs- und Machtkämpfen. Vertreter von Land- und Seestreitkräften waren in der Regel nicht bereit, die herausragende Stellung der Luftwaffe und damit auch deren deutlich angehobene Finanzierung mitzutragen, gleichzeitig aber eigene Einbußen an Einfluss und Mitteln hinzunehmen. In den USA kam es beispielsweise um 1950 zu derartigen Konflikten.[79] Ähnliches ereignete sich aber auch in den kleineren Armeen Europas, denen die Mittel für den „großen" strategischen Luftkrieg fehlten.

Die europäischen Mitgliedsnationen der NATO beschränkten sich in der Regel auf einen Beitrag zu den taktischen Luftstreitkräften der Allianz in Europa sowie zur gemeinsamen Luftverteidigung.[80] Da jedoch auch diese beiden Bereiche ab 1958 zunehmend „nuklearisiert", also mit Atomwaffen ausgestattet wurden, rückte die Gefahr der atomaren Eskalation in den Vordergrund der Kriegskonzeptionen europäischer Staaten. Dies galt auch dann, wenn eine

---

[79] Korkisch: Luftkriegsdoktrin in Diskussion, S. 577.
[80] Vgl.: Krüger, Dieter: Nationaler Egoismus und gemeinsamer Bündniszweck. Das „NATO Air Defence Ground Environment Programe" (NADGE) 1959-1968, in: Militärgeschichtliche Zeitschrift 64 (2005), S. 333-358.

Nation über keine Streitkräfte zur strategischen Kriegführung verfügte – wie die Bundesrepublik. Nun war nicht mehr auszuschließen, dass sich ein Atomkrieg primär auf die Gebiete der Sowjetunion oder USA beschränkte. Stattdessen schien er sich am ehesten an der Nahtstelle beider Machtbündnisse zuerst zu entzünden, Mitteleuropa. Hier konnte bereits der Schuss eines einzelnen Artilleriegeschützes, die Bombe eines einzelnen Jagdbombers oder der Abschuss nur einer Flugabwehrrakete eine Eskalationsspirale auslösen. Denn all diese Systeme waren nun potenzielle Atomwaffenträger. Damit entstand ein Szenario, das insbesondere für die Bundesrepublik und die DDR als den Frontstaaten Mitteleuropas der einzig relevanten Existenzfrage gleichkam.[81]

f) Koreakrieg – Blaupause für Europa?

Vor der Betrachtung der Erscheinungsformen des Luftkrieges in der ersten Hälfte der Blockkonfrontation und den Auswirkungen auf die Luftwaffe muss zunächst der Koreakrieg, 1950 bis 1953, thematisiert werden. Dieser Konflikt brachte die erste Konfrontation moderner Luftstreitkräfte beider Machtblöcke mit sich.[82] Sowohl in seinen politischen Auswirkungen als auch den taktischen Lehren, die aus ihm gezogen wurden, hatte der Koreakrieg weitreichende Folgen. Er bewirkte nicht nur die „Wiederbewaffnung" in der Bundesrepublik, sondern zeigte auch die engen Grenzen des konventionellen Einsatzes von Luftstreitkräften im Atomzeitalter auf.[83] Der Korea- und später auch der Vietnamkrieg zählten zu den wenigen Kriegen in der Zeit der Blockkonfrontation, an denen die USA direkt und die UdSSR mittelbar beteiligt waren und sich so zumindest in Form der eingesetzten Waffensysteme im Gefecht gegenüberstanden.[84] Lediglich in solchen regional beschränkten Konflikten,[85] in denen ein

---

[81] Bereits 1955 verdeutlichte die Übung „Carte Blanche", dass dabei mit Millionen von Toten, Verwundeten und Flüchtenden auf dem zerstörten Territorium der Bundesrepublik zu rechnen sei. Vgl.: Gablik, Axel: Strategische Planungen in der Bundesrepublik Deutschland 1955-1967: Politische Kontrolle oder militärische Notwendigkeit? (= Internationale Politik und Sicherheit, Bd. 30/5), Baden-Baden 1996, S. 86-94.

[82] Zum Koreakrieg vgl.: Stöver, Bernd: Geschichte des Koreakriegs. Schlachtfeld der Supermächte und ungelöster Konflikt, München 2013 sowie: Halberstam, David: The Coldest Winter. America and the Korean War, London 2008 sowie: Bechtol, Bruce E.: Paradigmenwandel des Kalten Krieges: Der Koreakrieg 1950-1953, in: Bernd Greiner/Christian Th. Müller/Dierk Walter (Hrsg.). Heiße Kriege im Kalten Krieg, Hamburg 2006, S.141-166 und Crane, Conrad: American Airpower Strategy in Korea 1950-1953, Lawrence 2000.

[83] Siehe: Der Einsatz taktischer Luftstreitkräfte. Neuere Erfahrungen nach ausländischen Quellen, in: Mitteilungen der Gesellschaft für Wehrkunde (8) 1952, S. 6-8, hier: S. 6f.

[84] Zur zeitgenössischen Analyse der Luftkriegshandlungen in Vietnam, siehe: Der Luftkrieg in Südostasien. Vietnam – das Experimentierfeld einer Luftwaffe Teil I, in: Soldat und Technik

Atomwaffeneinsatz auf beiden Seiten ausgeschlossen war, war ein flexibler Einsatz taktischer Luftstreitkräfte noch denkbar. Doch bereits der Koreakrieg zeigte die engen Grenzen des Luftkrieges in einer zunehmend von politischen Bündnissen durchdrungenen Welt.

Gemäß klassischen Denkweisen in der Luftkriegstheorie konnten in Korea seitens der UN-Truppen bei weitem nicht alle Einsatzarten des Luftkrieges angewendet werden. Die im Mittelpunkt der strategischen Luftkriegstheorien stehenden „Kraftquellen" des Gegners, also seine politischen, wirtschaftlichen und militärischen Zentren, befanden sich nicht auf dem eigentlichen Kriegsschauplatz. Vielmehr lagen sie auf den Territorien der Verbündeten Nordkoreas, in der Volksrepublik China und der Sowjetunion. Ein Angriff auf sie blieb für die US-amerikanische Luftwaffe, die die Hauptlast im Luftkrieg über Korea trug, aus politischen Gründen ausgeschlossen.[86] Deshalb wies der Koreakrieg den Weg für die einzig denkbare Option eines Luftkrieges in der Zeit der Blockkonfrontation, nämlich die Beschränkung auf ein räumlich und politisch eingegrenztes Einsatzgebiet, in dem nur taktische Luftstreitkräfte agierten. Jedes Ausgreifen über die geographischen Begrenzungen Koreas hinaus barg die Gefahr einer Eskalation des Konfliktes in sich, die potenziell mit einer atomaren Auseinandersetzung beider Machtblöcke hätte enden können. Damit führte, wie John Buckley es zusammenfasste, der Koreakrieg allen Akteuren des Kalten Krieges deutlich vor Augen, welch geringen Stellenwert Luftstreitkräfte in einem Szenario erhielten, in dem sie ihr Potenzial nicht mehr voll ausnutzen konnten: „The post-war world has illustrated that air power is a weapon of total war and, when restraint has to be shown, its significance falls away dramatically."[87]

Korea hatte somit auch Folgen für die Streitkräfte Mitteleuropas. Hier, wo sich beide Blöcke unmittelbar gegenüberstanden, ging der Luftwaffe ganz ähnlich sprichwörtlich die Handlungsfreiheit im Einsatz verloren. Denn im Konfliktfall hätte jeder größere konventionelle Einsatz, der ein Bündnismitglied der NATO oder des Warschauer Vertrages bedrohte, unmittelbar zu einer unkontrollierbaren Eskalation führen können, wenn er sich nicht auf ein geographisch abgegrenztes Gebiet beschränkte. Gerade bis 1967 ging es aus Sicht der Luftstreitkräfte auf beiden Seiten des Eisernen Vorhanges deshalb nicht darum, einen Krieg tatsächlich mit Aussicht auf Erfolg führen zu können, sondern ihn

---

(11) 1967, S. 580-582 sowie: Der Luftkrieg in Südostasien. Vietnam – das Experimentierfeld einer Luftwaffe Teil II, in: Soldat und Technik (12) 1967, S. 660-662.
85 Seit dem Vietnamkrieg (1965 bis 1973) als „Stellvertreterkriege" bezeichnet. Vgl.: Kneschke, Robert: Merkmale der Stellvertreterkonflikte des Kalten Krieges, Berlin 2007.
86 Siehe: Luftkrieg – Die große Illusion, in: Der SPIEGEL (50) 1951, S. 23f.
87 Buckley: Air Power in the Age of Total War, S. 11.

durch möglichst glaubhafte – in erster Linie – atomare, Abschreckung zu verhindern.

2. Das sicherheitspolitische Umfeld: NATO-Strategie und bundesdeutsche Verteidigungsplanung bis 1970

Die Geschichte der NATO in der Zeit der Blockkonfrontation war trotz aller Spannungen in letzter Konsequenz eine friedliche.[88] Zwar war das Bündnis seit seiner Gründung 1949 als Militärallianz immer auf eine mögliche militärische Auseinandersetzung mit der Sowjetunion beziehungsweise ab 1955 dem Warschauer Vertrag ausgerichtet. Dennoch vermieden es die Verantwortlichen auf beiden Seiten des Eisernen Vorhanges, in einen „heißen" Konflikt mit unabsehbaren Folgen einzutreten. An möglichen Eskalationsgründen hatte es indes in den über vierzig Jahren der Blockkonfrontation nicht gefehlt – angefangen beim Koreakrieg 1950, über die Kubakrise[89] 1962 bis hin zu diversen Kriegen im arabischen Raum und den Spannungen entlang des Eisernen Vorhanges. Gerade Letztere entzündeten sich nicht selten am geographischen Brennpunkt jener Zeit, der geteilten Stadt Berlin.

Die Zeit der Blockkonfrontation war aber bei weitem keine monolithische Phase des Aufeinandertreffens zweier Machtblöcke. Vielmehr war dieser Konflikt auf der Ebene der ihn bestimmenden Militärallianzen von Brüchen, Strategiewechseln und Anpassungen geprägt.[90] Die NATO schaffte es, sich in dieser Zeit als Allianz westlicher Nationen weiter zu entwickeln. So war das Bündnis in den 1950er Jahren noch klar von einer US-amerikanischen Dominanz geprägt und entstand entlang der strategischen Richtlinien, welche von den US-Präsidenten Harry S. Truman (1945 bis 1953) und Dwight D. Eisenhower (1953 bis 1961) vorgegeben wurden.

Zu Beginn der 1960er Jahre und vor allem infolge der neuen Administration in den USA unter Präsident John F. Kennedy (1961 bis 1963) setzten allerdings starke Fliehkräften innerhalb des Bündnisses ein. Sie machten immer deutlicher, dass die Sicherheitsinteressen der USA, insbesondere unter Präsi-

---

[88] Grundlegend zur Geschichte der NATO: Greiner, Christian/Maier, Klaus A./Rebhan, Heinz: Die NATO als Militärallianz. Strategie, Organisation und nukleare Kontrolle im Bündnis 1949 bis 1959, München 2003; Gersdorff, Gero von: Die Gründung der Nordatlantischen Allianz, München 2009 sowie: Giegerich: Die NATO.

[89] Vgl.: Ausland, John C.: Kennedy, Khrushchev, and the Berlin-Cuba crisis 1961–1964, Oslo 1996 und Uhl, Mathias/Filippovych, Dimitrij N. (Hrsg.): Vor dem Abgrund. Die Streitkräfte der USA und UdSSR sowie ihrer deutschen Bündnispartner in der Kubakrise (= Schriftenreihe der Vierteljahreshefte für Zeitgeschichte, Sondernummer), München 2005.

[90] Vgl.: Altenburg, Wolfgang: Die Nuklearstrategie der Nordatlantischen Allianz: Vom Gegeneinander zum Miteinander im Ost-West-Verhältnis, in: Klaus-Jürgen Bremm u.a. (Hrsg.). Entschieden für Frieden. 50 Jahre Bundeswehr 1955 bis 2005, Freiburg im Breisgau 2005, S. 63-72.

dent Kennedy, nicht mehr zwangsläufig deckungsgleich mit denen der europäischen Partner waren. Nicht ohne Grund werden die 1960er Jahre in der Rückschau als das Krisenjahrzehnt der NATO gesehen.[91] Ein wesentlicher Faktor für diese Entwicklung war neben dem Aufkommen neuer Waffentechnologien vor allem das sich immer deutlicher abzeichnende nukleare Patt durch das Gleichziehen der Sowjetunion mit den USA auf dem atomaren Sektor. Betrachtet man die Konflikte und Brüche der NATO detaillierter, dann fällt auf, dass hier nicht selten die Luftstreitkräfte des Bündnisses eine zentrale Rolle spielten. An ihnen entzündeten sich strategische, machtpolitische und finanzielle Diskussionen.

a) Konsensfindung in der NATO – bündnispolitische versus nationale Interessen

Der Zusammenhang zwischen Luftkriegsdoktrinen und den politischen Rahmenbedingungen ihrer Entstehungszeit, wie ihn der Militärhistoriker Maris McCrabb auf den Punkt brachte, lässt sich eins zu eins auch auf die Luftwaffe übertragen: „one cannot understand air doctrine outside the larger military strategy it supports and that, especially in the case of NATO, one must place the wider strategy within its political context."[92] Für die Betrachtung der Luftkriegskonzeption der Bundeswehr sind die sicherheitspolitischen Vorgaben der NATO ein, wenn nicht sogar der zentrale Schlüssel zu ihrem Verständnis.

Für die Bundesrepublik, die bis 1991 über keine eigene, nationale Luftkriegsdoktrin verfügte, waren die Einsatzvorschriften der NATO die wesentlichen Parameter, um sowohl die Form als auch die Anforderungen an die eigenen Luftstreitkräfte zu definieren.[93] Hinzu kam, dass die bundesdeutsche Luftwaffe so stark in die Strukturen der Allianz eingebunden war wie kein anderes NATO-Mitglied.

Die Luftkriegskonzeptionen wie auch die Planungen der NATO dazu entwickelten sich wiederum mit starkem Fokus auf die Gegebenheiten in Mitteleuropa, da sich hier beide Machtblöcke unmittelbar gegenüberstanden. Nir-

---

[91] Nuenlist, Christian/Locher, Anna: Drifting Apart? Restoring the NATO Consensus 1956-1972, in: Dies. (Hrsg.). Transatlantic Relations at Stake. Aspects of NATO, 1956-1972, Zürich 2006, S. 9-19, hier: S. 10f.
[92] McCrabb, Maris: The Evolution of NATO Air Doctrine, in: Phillip S. Meilinger (Hrsg.). The Paths of Heaven. The Evolution of Airpower Theory, Maxwell 1997, S. 443-484, hier: S. 443.
[93] Vgl.: Schreiber, Dirk: Die Luftwaffe und ihre Doktrin im Zeitalter der Blockkonfrontation (1950 bis 1989), in: Eberhard Birk/Heiner Möllers (Hrsg.). Luftwaffe und Luftverteidigung (= Schriften zur Geschichte der Deutschen Luftwaffe, Bd. 6), Berlin 2017, S. 65-81.

gends sonst war langfristig die Gefahr der Eskalation eines globalen Atomkrieges höher. Änderten sich jedoch die sicherheitspolitischen Ansichten innerhalb der Allianz oder auch nur innerhalb der US-Regierung, so konnte dies unmittelbare Auswirkungen auf die Einsatzkonzeptionen der NATO-Luftstreitkräfte in Europa haben. Somit schlugen sicherheitspolitische Veränderungen immer auch auf die nationale Ebene der Luftwaffe durch. Gerade in den 1960er Jahren, also dem Aufbaujahrzehnt der Luftwaffe, trafen sie die Bundeswehr bisweilen zu ungünstigen Zeitpunkten. Veränderungen der Bündnisstrategie kulminierten oft mit Aufbauproblemen der Truppe sowie finanz- oder innenpolitischen Problemen der Bundespolitik. Erschwerend kam hinzu, dass die Bundesrepublik, obwohl durch ihre Lage als Frontstaat am unmittelbarsten von einem möglichen Krieg betroffen, bis zum Beginn der 1970er Jahre nahezu kein Mitspracherecht bei der Planung von Nukleareinsätzen auf gesamtdeutschem Boden hatte;[94] ein fataler Missstand in einer Phase, in der militärische Einsätze der NATO ab einer gewissen Schwelle faktisch immer unter Rückgriff auf Atomwaffen konzipiert wurden. Hier war die Bonner Politik zeitweise auf die Rolle eines stillen Beobachters beschränkt, der nur zusehen konnte, wie andere Akteure über Fortbestand oder Vernichtung der eigenen Nation entschieden.

Als 1950 die ersten bundesdeutschen Überlegungen zum Aufbau einer eigenen Armee angestellt wurden, existierte die NATO als westliches Verteidigungsbündnis gerade einmal ein Jahr. Gegründet 1949, gruppierte sich die Allianz bis zum Regierungsantritt Kennedys 1961 auf der militärischen Seite vor allem um das strategische Atomwaffenpotential der USA. Dessen Träger war die US Air Force (USAF) beziehungsweise deren Strategic Air Command (SAC).[95] Während der gesamten Phase der Blockkonfrontation sah sich die NATO als reines Verteidigungsbündnis des Westens und somit als Bollwerk gegen eine vermeintliche Ausbreitung des Kommunismus, als dessen Triebfedern die Sowjetunion und ihre Satellitenstaaten gesehen wurden.[96] Diese schlossen sich ab 1955 in Form der Warschauer Vertragsorganisation als Gegenstück zur NATO zu einem eigenen Militärbündnis zusammen.[97] Beide Allianzen unterschieden sich in ihren inneren Strukturen jedoch deutlich voneinander. Die

---

[94] Altenburg: Die Nuklearstrategie der Nordatlantischen Allianz: S. 65.
[95] Siehe: SAC. Das Strategische Luftwaffenkommando, in: Wehrkunde (12) 1961, S. 634-642 sowie: Wachmannschaft zum Schutze des Weltfriedens. Aufbau und Stärke des Strategischen Bomberkommandos der Vereinigten Staaten, in: Soldat und Technik (10) 1959, S. 486-491.
[96] Vgl.: Steininger, Rolf: Der Kalte Krieg, Frankfurt a.M. 2006 sowie: Görtemaker, Manfred: Kleine Geschichte der Bundesrepublik Deutschland, Frankfurt a.M. 2005, S. 22-25.
[97] Vgl.: Diedrich, Torsten/Heinemann, Winfried/Ostermann, Christian F.: Der Warschauer Pakt. Von der Gründung bis zum Zusammenbruch 1955-1991, Berlin 2009.

NATO unterlag wegen ihrer grundsätzlich demokratischen Ausrichtung drei zentralen Faktoren, die Entscheidungen in Fragen neuer Strategien maßgeblich beeinflussten: 1. dem Streben nach einem Konsens aller Bündnispartner bei der Entscheidungsfindung, 2. gleichzeitig dem Anspruch, den jeweiligen Sicherheitsinteressen einzelner Mitgliedsstaaten Rechnung zu tragen und 3. dem Ziel, eine gemeinsame Verteidigungsstrategie zu entwickeln, die mit den finanziellen Möglichkeiten der Bündnispartner auch umsetzbar war.[98]

Der Zwang zur gemeinsamen Entscheidungsfindung war ein wesentliches Element des Selbstbildes der NATO. Während im Warschauer Vertrag die Sowjetunion als dominierende politische und militärische Macht Strategie, Ausrüstung und Außenpolitik des Bündnisses nahezu uneingeschränkt bestimmen konnte, besaßen die USA und ihre Partner in der NATO nicht immer politisch einvernehmliche Auffassungen.[99] Natürlich dominierten auch sie wesentliche Strukturen des Bündnisses, doch in der Atlantischen Allianz konnten die Vereinigten Staaten letztlich nur die Stellung eines primus inter pares einnehmen. Selbstverständlich gaben US-Regierungen oft die Richtung der sicherheitspolitischen Entscheidungen vor, ihre Details konnten sie aber nicht gegen den Widerstand der restlichen Bündnispartner diktieren. Als politische Gemeinschaft, deren proklamiertes Ziel die Verteidigung von Freiheit und Demokratie nach westlicher Definition war, wären zu autoritäre Strukturen innerhalb der NATO ohnehin kaum denkbar gewesen.

Allerdings stellte sich der Zwang zur demokratischen Entscheidungsfindung nicht selten als größte Hemmschwelle der NATO dar. In der Phase des Strategiewechsels der Allianz in den 1960er Jahren führte dieser Umstand zu erheblichen Spannungen unter den Mitgliedern. Und er bewirkte, gerade für deren Luftstreitkräfte in Mitteleuropa, eine Zeit konzeptioneller Planlosigkeit. Dies zeigte sich besonders deutlich bei der Implementierung der Flexible Response als gemeinsamer NATO-Strategie im Jahr 1967/68, während die USA sie als nationale Strategie bereits ab 1962 anwendeten.[100]

Auch individuelle nationale Sicherheitsinteressen einzelner Bündnisnationen standen nicht selten dem Prinzip der demokratischen Entscheidungsfindung diametral entgegen. Diese jeweiligen nationalen Interessen ergaben sich in der Regel aus der geopolitischen Lage und den sicherheitspolitischen Schwerpunkten der Regierung eines NATO-Mitgliedes. Erhebliche Differenzen gab es vor allem in der Frage, wie sich die europäischen Partner die Verteidigung Eu-

---

[98] McCrabb: The Evolution of NATO Air Doctrine, S. 443f.
[99] Zum Einfluss der Sowjetunion im Warschauer Vertrag siehe: Gleichgeschaltete Bruderarmeen, in: Loyal (4) 1970, S. 20f.
[100] Varwick, Johannes: Die NATO. Vom Verteidigungsbündnis zur Weltpolizei?, München 2008, S. 86f.

ropas konkret vorstellten und in welchem Umfang und mit welchem Budgets sie auch bereit waren, einen Beitrag dazu beizusteuern.

In den 1960er Jahren erwies sich beispielsweise der zunehmende Führungsanspruch Frankreichs unter Präsident Charles de Gaulle als besonders problematisch für die NATO. Dabei spielten aus französischer Sicht zwei Faktoren eine wichtige Rolle, die insbesondere zu Friktionen mit den USA führten: Innerhalb der neuen transatlantischen Sicherheitsarchitektur wollte die Grande Nation eine, oder besser noch die Führungsrolle bei der Verteidigung Kontinentaleuropas übernehmen. Dabei spielte de Gaulle ein zunehmendes Schwinden des Vertrauens der europäischen Bündnismitglieder in die US-amerikanischen Sicherheitsgarantien für die Verteidigung Europas in die Karten.[101] Das Problem betraf also nicht nur Frankreich. Letztlich war die französische Regierung aber weniger als alle anderen NATO-Staaten bereit, den intendierten Strategiewechsel der USA, hin zu einer Flexibilisierung der Verteidigung in Europa, mitzutragen.[102] Dabei war wohl auch nicht unerheblich, dass die Auswirkungen einer neuen Strategie auf das französische Nuklearpotential nicht absehbar waren. Keinesfalls wäre die französische Regierung dazu bereit gewesen, sich Beschränkungen ihrer Verfügungsgewalt über die eigenen Kernwaffen auferlegen zu lassen. Dies führte schlussendlich zum Austritt Frankreichs aus der militärischen Integration der NATO im Jahr 1967 – ein erheblicher Einschnitt in der Geschichte des Bündnisses.

Vergleichbare Konflikte gab es ebenfalls mit Großbritannien, das auf Grund finanzieller Einschränkungen ab Ende der 1950er Jahre immer weniger imstande war, größere konventionelle Verbände in Mitteleuropa im Sinne einer gemeinsamen Bündnisverteidigung zu unterhalten.[103] Ähnlich wie in Frankreich spielte dabei auch das außereuropäische Engagement Großbritanniens in den eigenen Kolonialgebieten eine Rolle.[104] Beide Nationen konnten ihre Verteidigungsplanungen nicht allein auf das geographisch eingeschränkte Mitteleuropa abstellen, sondern mussten global agieren und planen. Die britischen Bestrebungen innerhalb der NATO gingen folglich in Richtung einer Beschränkung des eigenen Militärbeitrages auf die Verteidigung der britischen Inseln – die

---

[101] Vgl.: Schmitt, Burkhard: Frankreich und die Nukleardebatte in der Atlantischen Allianz 1956 bis 1966 (= Militärgeschichtliche Studien, Bd. 36), München 1998.
[102] BArch, BL 1/3508: Untersuchungen der Grundlagen für die Konzeption der Luftwaffe, 22.10.1965.
[103] Siehe: Die Verteidigungspolitik Großbritanniens, in: Wehrkunde (4) 1966, S. 184-187 sowie: Die Zukunft des atlantischen Bündnisses. Eine britische Meinung, in: Wehrkunde (4) 1966, S. 169-172.
[104] BArch, BL 1/1575: Ständiger Rüstungsausschuß; Endgültiger Bericht über die Sitzung der Arbeitsgruppe für die Erörterung der Luftverteidigung am 3.10.1957, 8.11.1957.

nukleare Abschreckung war aus britischer Sicht das ideale Instrument dazu.[105] Gleichzeitig wollte man aber auch eine Führungsrolle in den kontinentalen Strukturen der Allianz in Mitteleuropa aufrechterhalten. Dort standen die Luftwaffen-Verbände der NATO im Bereich der 2. Allied Tactical Air Force (ATAF) wie auch die Northern Army Group (NORTHAG) unter britischer Führung.

Auch bundesdeutsche Sicherheitsinteressen waren ein wichtiger Faktor für die NATO.[106] Allerdings war die Situation der BRD eine besondere unter den Bündnispartnern. Als direkte Frontstaaten hätten sowohl West- als auch Ostdeutschland am unmittelbarsten unter einem möglichen Konflikt zwischen beiden Blöcken gelitten. Sowohl in einem nuklearen als auch konventionellen Kriegsszenario war mit verheerenden Folgen für beide Staaten zu rechnen.

Obwohl die Bundeswehr mit bis zu 460.000 Soldaten[107] einen erheblichen Anteil der konventionellen Truppen der NATO in Mitteleuropa stellte, besaß sie bis Ende der 1960er Jahre weder ein Mitspracherecht bei der Konzeption von Nukleareinsätzen, noch eine angemessene Beteiligung an militärischen Führungspositionen innerhalb der Allianz.[108] Da die Bundesrepublik zudem nie über eigene Atomwaffen verfügte, waren ihre Mitwirkungsmöglichkeiten bei strategischen Fragen innerhalb der NATO ohnehin beschränkt. Aus Sicht der Regierungen in Bonn war deshalb die beste Möglichkeit, eine weitgehende Zerstörung des eigenen Staatsgebietes im Falle eines Krieges zu vermeiden, den Krieg selbst zu verhindern.

Für Bundeskanzler Konrad Adenauer war die Kriegsverhinderung am effektivsten durch eine möglichst wirksame nukleare Abschreckung der gesamten Allianz im Rahmen der Strategie der Massiven Vergeltung zu gewährleisten.[109] Dementsprechend geriet auch Westdeutschland in einen Konflikt mit den USA, als diese ab 1961 verstärkt ein konventionelles Kriegsbild in Europa

---

[105] Deutlich wurde dies beispielsweise während der, durch Generalfeldmarschall Montgomery geleiteten NATO-Übung CPX 7 im April 1957. Hier informierten britische Vertreter die NATO-Führungsebene über ihre Pläne, bis 1966 einen Großteil ihrer konventionellen Schildkräfte nach Großbritannien bzw. westlich des Rheines zurückzuverlegen. Die Wirksamkeit der nuklearen Abschreckung allein hielt man für ausreichend, um einen Krieg zu verhindern. Derlei Absichten stießen vor allem auf die Ablehnung des SACEUR und der Bundesrepublik. BArch, BL 1/1750-2: Bericht über CPX 7 (Command Post Exercise) vom 15.-18.4.1957 in Paris, 23.4.1957.
[106] Zur Geschichte der Bundesrepublik in der NATO: Bange, Oliver/Lemke, Bernd (Hrsg.): Wege zur Wiedervereinigung. Die beiden deutschen Staaten in ihren Bündnissen 1970 bis 1990, München 2013 sowie: Militärgeschichtliches Forschungsamt der Bundeswehr (Hrsg.): Anfänge westdeutscher Sicherheitspolitik. 1945-1956 (4 Bde.), München 1982-1997.
[107] Bundeswehr: Weißbuch 1970, S. 85.
[108] Thoß: NATO-Strategie und nationale Verteidigungsplanung, S. 737.
[109] Vgl. generell: Steinhoff/Pommerin: Strategiewechsel.

propagierten, gleichzeitig aber auch aus Kostengründen begannen, ihre eigenen Truppenkontingente auf dem Kontinent zu verringern. Derartige Vorhaben interpretierte man in der Bundesrepublik gemeinhin als ernsthafte Schwächung der eigenen nationalen Sicherheit, ja gar als mangelnde Bündnissolidarität.[110] Dem möglichen Abzug von Truppen verbündeter Nationen versuchten die NATO und auch die Bundesrepublik deshalb durch eine angemessene Beteiligung an den Stationierungskosten der alliierten Partner in Westdeutschland entgegenzuwirken.[111]

Der letztlich bestimmende Faktor für die NATO-Sicherheitspolitik war die Frage ihrer Finanzierbarkeit. Der Zweite Weltkrieg hatte bewiesen, dass im Zeitalter des totalen Krieges eine Nation nur dann mit einer gewissen Aussicht auf Erfolg in der Lage war, in einem großflächigen Konflikt zu bestehen, wenn sie einen erheblichen Teil ihrer Wirtschaftsleistung in die nationale Verteidigung investierte. Mit der Nuklearisierung des Kriegsbildes, vor allem in Verbindung mit Flugzeugen und Raketen als Trägermitteln, wurde in den 1950er Jahren deutlich, dass die rein nationale Verteidigung einzelner Staaten deren finanzielle, wirtschaftliche und personelle Ressourcen in der Regel weit überschritt. Die logische Konsequenz, gerade für die kleinen Nationen Westeuropas, war der Zusammenschluss zu einem gemeinsamen Verteidigungsbündnis. Unter dem Dach einer verbindenden politischen Grundposition war die Errichtung einer Bündnisverteidigung möglich, deren Kosten auf die Schultern aller Mitglieder verteilt wurden.[112] Nur so war nationale Sicherheit im Zeitalter des Atomkrieges überhaupt noch finanzierbar.

Selbst die Eisenhower-Administration stellte in den USA der frühen 1950er Jahre derartige Überlegungen an. Dabei ging es primär um die Frage, wie eine möglichst große, militärische Abschreckung gegenüber der Sowjetunion finanzierbar war. Die Lösung stellten sich die Planer angesichts der neuen technologischen Möglichkeiten banalisiert unter dem Schlagwort „more bang for a buck"[113] im Aufbau weitreichender, strategischer Bomberverbände mit

---

[110] Siehe: Direkt gefragt. Wolfram v. Raven interviewte Bundesverteidigungsminister Helmut Schmidt, in: Loyal (4) 1970, S. 10-13, hier: S. 13.
[111] Siehe: Thoß: NATO-Strategie und nationale Verteidigungsplanung, S. 175f. sowie: Dollars für Divisionen, in: Loyal (11) 1970, S. 7f.
[112] Vgl.: Hammerich, Helmut: "Jeder für sich und Amerika gegen alle?" Die Lastenteilung der NATO am Beispiel des Temporary Council Committee (= Entstehung und Probleme des Atlantischen Bündnisses bis 1956, Bd. 5), 1949-1954, München 2003.
[113] Zitiert nach: Theiler, Olaf: Die Entfernung der Wirklichkeit von den Strukturen. Die Bedrohungslage der NATO und ihre Wahrnehmung in der westdeutschen Bevölkerung 1985 bis 1990, in: Frank Nägler (Hrsg.). Die Bundeswehr 1955 bis 2005. Rückblenden – Einsichten – Perspektiven, München 2007, S. 339-364, hier: S. 351f.

nuklearer Bewaffnung vor.[114] Deren Entwicklung war zwar kostenintensiv, wurde aber durch die schiere Menge der angedrohten Zerstörung wettgemacht. In der Konsequenz war die Aufrechterhaltung einer derartigen Atomstreitmacht für die USA somit nicht nur deutlich kostengünstiger als eine vergleichbar effektive konventionelle Aufrüstung, sondern auch politisch erheblich bedeutender.

Die europäischen NATO-Mitglieder schlüpften bereitwillig unter den nuklearen Schild, den die USA nun boten und mit dem sie gleichfalls für die bündnispolitische Sicherheit Westeuropas eintraten. Aus Sicht der Bundesrepublik kam der nukleare Schirm gar einer Art „Lebensversicherung" gleich. Damit fiel es den europäischen Partnern nun lediglich zu, eine beschränkte Menge konventioneller und später ebenfalls nuklear bewaffneter Schild-Streitkräfte zu unterhalten. Sie sollten im Falle eines Angriffes des Warschauer Vertrages das NATO-Gebiet so lange verteidigen, bis der Schlag des US-amerikanischen Schwertes in Form strategischer Luftangriffe gegen die Sowjetunion angelaufen war.[115]

Während aufseiten des Warschauer Vertrages mit bis zu 17,8% ein Großteil des Bruttoinlandsprodukts der Mitgliedsstaaten nach Weisung der Sowjetunion in die Verteidigungsausgaben fließen musste, war ein ähnlicher Kostenaufwand in den demokratischen Nationen der NATO aber öffentlich nicht zu rechtfertigen.[116] Hier lag ein wesentlicher Aspekt der Sicherheitsarchitektur der NATO: Sie musste auf der einen Seite effektiv sein, durfte auf der anderen aber nicht zu viel kosten. Hinter dem Sparwillen der Mitgliederregierungen standen nicht nur die Angst durch zu hohe Militärausgaben an politischem Zuspruch in der Bevölkerung zu verlieren, sondern auch klare ideologische Überlegungen. Bereits im strategischen Sicherheitskonzept MC 14/2 von 1957 wurde dargelegt, dass nicht allein die militärische Macht der Sowjetunion die eigentliche Bedrohung für den Westen darstelle, sondern die Gefahr einer

---

[114] Damit betrachtete man Atomwaffen ähnlich unkritisch wie Kanzler Adenauer in Deutschland, der in ihnen zuerst nichts weiteres als eine größere Version der klassischen Artillerie sah. Siehe: Die Bombe im Schiff. In: Der SPIEGEL (20) 1957 vom 20.5.1957, S. 12.
[115] Steinhoff/Pommerin: Strategiewechsel, S. 10.
[116] Verlässliche Zahlen für die Verteidigungsausgaben der UdSSR liegen nicht vor. Nach Schätzungen der CIA lagen sie zwischen 1965 und 1988 bei durchschnittlich 15% des BIP. Im gleichen Zeitraum investierten die USA 6% und die BRD 3% ihrer Wirtschaftsleistung in die Verteidigung. Davis, Christopher M.: Wirtschaftliche und soziale Folgen sowjetischer Militärausgaben, in: Bernd Greiner u.a. (Hrsg.). Ökonomie im Kalten Krieg, Hamburg 2010, S. 260-278, hier: S. 269f.

Ausbreitung kommunistischer Ideologien im Inneren der Gesellschaft drohe.[117] Dieser Gefahr konnte am wirkungsvollsten durch eine effektive Sozial- beziehungsweise Wirtschaftspolitik begegnet werden. Zentrales Argument dieser Überlegung in vielen NATO-Staaten war, dass staatliche Investitionen in Bildungs-, Wirtschafts- oder Sozialprojekte die Zufriedenheit der Bevölkerung und auch ihre Identifikation mit dem eigenen politischen System effektiv stärken würden. Im Ergebnis erwartete man eine Immunisierung der Gesellschaft gegen ein Übergreifen revolutionärer, kommunistischer Ideen. Diese Denkweise war besonders in den 1950er Jahren in der NATO weit verbreitet und wurde nicht selten von Luftwaffengenerälen instrumentalisiert, um eine herausgehobene Finanzierung ihrer Teilstreitkraft zu fordern.[118]

Das Streben nach einem Minimalkonsens bei der Finanzierung der Verteidigung führte allerdings nicht selten zu hohlen Strukturen in der militärischen Organisation der Allianz. Der Aufbau der integrierten NATO-Luftverteidigung in Mitteleuropa war ein Beispiel dafür. In Kombination mit dem gestiegenen Investitionsdruck im Zusammenhang mit dem NATO-Strategiewechsel ab 1967 stellten diese Probleme das Bündnis vor drastische Herausforderungen.

b) Die strategischen Konzepte der NATO bis 1971
MC 14/1 – Vorwärtsverteidigung, 1952 bis 1957

Die Verteidigungskonzepte der NATO waren bis zum Fall der Mauer, 1989/90, von zwei Konstanten geprägt: *Erstens* war die Allianz dem Warschauer Vertrag über den gesamten Zeitraum der Blockkonfrontation hinweg in der Zahl ihrer konventionellen Truppen in Europa deutlich unterlegen. Die konventionelle Übermacht des Gegners musste deshalb im Kriegsfall durch den Einsatz von Nuklearwaffen aufgewogen werden, hier war die NATO im Vorteil.[119] *Zweitens* verbot die defensive Ausrichtung der NATO ihren militärischen Planungsgremien die Erarbeitung von umfassenden Offensivoperationen gegen das Gebiet des Warschauer Vertrages. Im Verteidigungsfall war es lediglich einigen klar benannten Verbänden der Allianz erlaubt, beispielsweise Teilen der taktischen

---

[117] Dies galt insbesondere für die Bundesrepublik. Kollmer, Dieter H.: Die materielle Aufrüstung der Bundeswehr in ihrer Aufbauphase 1953-1958, in: Österreichische militärische Zeitschrift (ÖMZ) (2) 2010, (Download) https://www.oemz-online.at/pages/viewpage.action?pageId=10357351 (Stand: 4.5.2017), S. 32-41, hier: S. 33.
[118] BArch, BL 1/1753: Der Inspekteur der Luftwaffe - Stellungnahme zu den Studien der Inspekteure des Heeres und der Marine, 1.11.1959.
[119] Rink, Martin: Die Bundeswehr 1950/55-1989, Berlin 2015, S. 180.

Luftstreitkräfte, Ziele auch weiter östlich der innerdeutschen Grenze anzugreifen. Ansonsten sollten die Verbände des Bündnisses ausschließlich zur beweglichen Verteidigung der jeweiligen Ostgrenze des NATO-Territoriums eingesetzt werden.[120]

Die NATO-Strategie durchlief bis zum Beginn der 1970er Jahre mehrere Phasen des Wandels und der Anpassung an die sicherheitspolitischen Gegebenheiten. Für die Geschichte der Luftwaffe der Bundeswehr waren dabei drei verschiedene strategische Konzepte des Bündnisses relevant, die sich auf ihre Ausrüstung, Struktur und den Auftrag ihrer Verbände auswirkten. Die Luftwaffe hatte dabei einen hohen Stellenwert für das Bündnis, denn obwohl es bis zum Fall der Mauer nie zu einem scharfen Einsatz westdeutscher Luftstreitkräfte gegen den Gegner im Osten kam, trug sie gerade in den ersten fünfzehn Jahren ihres Bestehens eine Hauptlast im Verteidigungskonzept der NATO in Mitteleuropa.[121]

Als 1950 auf der Konferenz ehemaliger Wehrmachtoffiziere im Eifelkloster Himmerod erste Überlegungen zu einem möglichen Aufbau westdeutscher Streitkräfte als Beitrag zu einer gesamteuropäischen Verteidigungsstreitmacht angestellt wurden,[122] befand sich die NATO noch in einer Phase nuklearer Überlegenheit gegenüber der Sowjetunion. Zwar waren bereits zu diesem Zeitpunkt die sowjetischen Truppen im Osten Europas zahlenmäßig deutlich stärker als jene der NATO im Westen, doch der Vorsprung der USA auf dem Gebiet der strategischen Nuklearwaffen sicherte dem Bündnis eine effektive atomare Abschreckung.

Das erste für die Bundesrepublik verbindliche Verteidigungskonzept der Allianz, die sogenannte „Vorwärtsverteidigung" (Forward Strategy)[123], wurde mit dem NATO-Strategiepapier MC 14/1 im Dezember 1952 verabschiedet.[124] Es sah im Falle einer sowjetischen Aggression das Halten des NATO-

---

[120] Bundeswehr: Weißbuch 1970, S. 38f.
[121] Vgl. Gablik, Strategische Planungen, S. 474-483.
[122] Vgl. neuerdings die beiden Beiträge von Thorsten Loch und Agilolf Keßelring: Der „Besprechungsplan vom 5. Januar 1950. Gründungsdokument der Bundeswehr? Eine Dokumentation zu den Anfängen westdeutscher Sicherheitspolitik, in: Historisch Politische Mitteilungen (HPM) (22) 2015, S. 199-229 und Himmerod war nicht der Anfang. Bundesminister Eberhard Wildermuth und die Anfänge westdeutscher Sicherheitspolitik, in: MGZ (74) 2015 1/2, S. 60-96.
[123] Ab 1966, unter dem Eindruck schwindender Kapazitäten der NATO nach dem Austritt Frankreichs aus der militärischen Integration des Bündnisses, in Deutschland dann „Vorneverteidigung" genannt. Siehe: NATO: Bedingt abwehrbereit, in: Der SPIEGEL (33) 1966, S. 30-32, hier: S. 31 sowie: Auswirkungen der Vorneverteidigung auf die Nationale Verteidigung, in: Wehrkunde (7) 1969, S. 345-349.
[124] NATO: MC 14/1 (Final) Strategic Guidance, Enclosure "A", Appendix "NATO Strategic Guidance", Art. 27, 9.12.1952.

Gebietes in Europa an dessen östlicher Grenze durch konventionelle Streitkräfte vor. Vor dem Beitritt der Bundesrepublik zur NATO befand sich diese Verteidigungslinie noch auf Höhe der Rhein-Ijssel-Linie, sie sparte also das Gebiet Westdeutschlands aus. Mit der Aufnahme der Bundesrepublik in die Allianz verschob sie sich dann ab 1955 an die innerdeutsche beziehungsweise deutsch-tschechoslowakische Grenze.[125]

Spätestens ab diesem Zeitpunkt war das Gebiet der Bundesrepublik als das eigentliche Schlachtfeld eines möglichen Konfliktes zwischen beiden Blöcken in Europa vorbestimmt. Fortan begann ein bis 1989 andauerndes Dilemma westdeutscher Sicherheitspolitik.[126] Die Bundesregierungen standen vor dem Zwiespalt, auf der einen Seite das Verteidigungskonzept der NATO mitzutragen und auf der anderen alles Erdenkliche zu unternehmen, um die Wahrscheinlichkeit eines Krieges zwischen den Blöcken so gering wie nur möglich zu halten. Denn ganz gleich, ob dieser konventionell oder atomar geführt werden würde, in jedem Fall war eine großflächige Verwüstung des Bundesgebietes mit bis zu 25 Millionen Todesopfern zu erwarten.[127] Dabei galt es für die Bonner Politik jedoch nicht nur, Sicherheit durch Abschreckung, beziehungsweise später Annäherung an die Sowjetunion, zu gewährleisten. Sie musste auch in die NATO hineinwirken und die eigenen Verbündeten davon überzeugen, dass der Schutz Westdeutschlands auch in deren eigenem Sicherheitsinteresse lag. Gleichzeitig aber galt es mit den nur langsam wachsenden Mitteln der politischen und militärischen Mitbestimmung in der NATO zu verhindern, dass die Alliierten zu frühzeitig Atomwaffen auf westdeutschem Gebiet zum Einsatz brachten oder den Einsatz zu lange hinauszögerten.[128]

Während im Konzept der Vorwärtsverteidigung der Sowjetunion größere Geländegewinne durch das Halten der Ostgrenze der NATO verwehrt werden sollten, wäre der strategische Gegenschlag der atomar bewaffneten US-Bomberverbände gegen militärische und wirtschaftliche Schlüsselziele auf dem Gebiet der Sowjetunion und ihrer Verbündeten angelaufen. Im Anschluss sollte

---

[125] Zur Strategie des Warschauer Vertrages bzw. der NVA siehe: Lautsch, Siegfried: Kriegsschauplatz Deutschland. Erfahrungen und Erkenntnisse eines NVA-Offiziers, Potsdam 2013; Mastny, Vojtech/Schmidt, Gustav: Konfrontationsmuster des Kalten Krieges 1946 bis 1956, München 2003 sowie: Wenzke, Rüdiger (Hrsg.): Die Streitkräfte der DDR und Polens in der Operationsplanung des Warschauer Paktes, Potsdam 2010.
[126] Vgl.: Krüger, Dieter: Der Strategiewandel der NATO in den 1960er Jahren: Ein westdeutsches Dilemma, in: Heiner Möllers/Wolfgang Schmidt (Hrsg.). Die Luftwaffe in der Moderne (= Schriften zur Geschichte der Deutschen Luftwaffe, Bd. 1), Berlin 2011, S. 61-69.
[127] Sonntag, Philipp: Mathematische Analyse der Wirkung von Kernwaffenexplosionen in der BRD, in: Weizäcker, Carl-Friedrich v. (Hrsg.). Kriegsfolgen und Kriegsverhütung, München 1971, S. 75-198, hier: S. 189-193.
[128] Thoß, Bruno: NATO-Strategie und nationale Verteidigungsplanung, S. 13f.

eine großangelegte Gegenoffensive der europäischen NATO-Verbände ein Zurückdrängen der sowjetischen Truppen und idealerweise auch eine teilweise „Befreiung" Osteuropas von sowjetischem Einfluss bewirken.

Die MC 14/1 war in vielen ihrer Kernpunkte noch eine klare Übertragung alliierter Erfahrungen des Zweiten Weltkrieges auf das beginnende atomare Zeitalter. Nach ihrem Konzept sollten konventionelle Massenheere mit bis zu 86 Divisionen und 9.965 Flugzeugen in Europa große Offensiven gegen die Sowjetunion ermöglichen und der NATO der militärische Sieg letztlich durch die Überlegenheit der strategischen Luftstreitkräfte der USA gesichert werden.[129] Damit war die Strategie jener der Alliierten aus den Jahren 1944 und 1945 im Kampf gegen das Deutsche Reich durchaus ähnlich. Und wie im Zweiten Weltkrieg auch, stand am Ende des Konzeptes der Vorwärtsverteidigung das endgültige Ziel einer Kapitulation des Gegners.

Heute ist fraglich, ob die NATO bis zur Ablösung der MC 14/1 jemals über die militärischen Kapazitäten und strategischen Konzepte für eine großflächige Invasion Osteuropas verfügte. Bei den strategischen Fähigkeiten der atomaren Bomberverbände des SAC dürfte es sich bis Mitte der 1950er eher um einen Bluff gehandelt haben. Zu einem wirklich umfassenden Kriegseinsatz fehlte es der Speerspitze der Strategie sowohl an Bomben als auch an Personal.[130] Ebenso endeten die operativen Planungen der NATO bei der Abwehr der sowjetischen Offensive. Handfeste Konzepte für die eigene Gegenoffensive existierten nicht.[131]

MC 14/2 – Massive Vergeltung, 1957 bis 1967

Innerhalb der NATO wurde Mitte der 1950er Jahre immer deutlicher, dass sich weder die europäischen Mitgliedsstaaten noch die USA selbst auf Dauer den Unterhalt des gewaltigen militärischen Potentials leisten konnten, welches für das ursprüngliche Konzept der Vorwärtsverteidigung eigentlich vorgesehen war. In den Sozialstaaten Westeuropas stiegen trotz des stellenweisen Wirtschaftsbooms der 1950er die staatlichen Ausgaben massiv an, wodurch immer weniger Geld für die Aufrechterhaltung einer glaubhaften, konventionellen Abwehr des Bündnisses verfügbar war. Nicht zuletzt war ein Kriegsbild, das die groß angelegte Invasion Osteuropas im Rahmen einer Gegenoffensive vorsah,

---

[129] Basierend auf den Streitkräftezielen für 1954, die die NATO auf ihrer Ratstagung 1952 in Lissabon beschloss. Bereits ein Jahr später wurden die Vorgaben als nicht umsetzbar erkannt und kassiert. Steinhoff/Pommerin:Strategiewechsel, S. 14.
[130] Buckley: Air Power in the Age of Total War, S. 205.
[131] NATO: MC 48/2 Measures to implement the Strategic Concept, Art. 6e, 15.3.1957.

knapp zehn Jahre nach Ende des Zweiten Weltkrieges kaum mehr öffentlich zu vermitteln. Es stellte sich der Allianz also zunehmend die Frage, wie ein Krieg mit der Sowjetunion beziehungsweise dem Warschauer Vertrag in Gänze vermeidbar war.

Die Lösung brachte das Konzept der absoluten nuklearen Abschreckung, welches ab 1957 in Form der neuen MC 14/2 als „Massive Vergeltung" den Höhepunkt der Atomkriegsperzeption des Kalten Krieges darstellen sollte. Ausgehend von den USA, die Mitte der 1950er Jahre nach Möglichkeiten suchten, ihre globale Machtstellung zu erhalten, aber gleichzeitig ihre Militärausgaben drastisch zu reduzieren, setzte sich in der NATO das Konzept einer nahezu kompletten Abstützung auf Atomwaffen durch. Der Unterhalt konventioneller Streitkräfte, von Infanterie- und Panzerdivisionen sowie Unterstützungs- und Logistikverbänden, war mit enormen Kosten verbunden, die auch auf Dauer nicht unter ein gewisses Maß zu senken waren. Denn im Rahmen der rapiden technischen Entwicklung musste die materielle Ausstattung, vor allem konventioneller Truppen, ständig modernisiert und dem Bedrohungspotenzial des Gegners angepasst werden.

Atomwaffen hingegen leisteten ein Vielfaches der Zerstörungskraft konventioneller Waffen, zu einem vergleichsweise günstigen Entwicklungs- und Anschaffungspreis. Gerade im Kampf gegen einen konventionell überlegenen Gegner war ihr Einsatz also nicht nur erfolgversprechend, sondern schlichtweg auch äußerst wirtschaftlich für die NATO. Deshalb drohte das neue Konzept der Massiven Vergeltung dem Warschauer Vertrag im Falle eines Angriffes mit dem sofortigen und großflächigen nuklearen Gegenschlag gegen dessen Territorium. Eine Planung für einen allein konventionellen Konflikt mit der Sowjetunion gab es im Rahmen der MC 14/2 nicht mehr.[132] Stattdessen sollte die atomare Übermacht der NATO von vornherein den Warschauer Vertrag davon abhalten, auch nur die Möglichkeit eines Krieges in Europa in Erwägung zu ziehen. Zwar hatte auch östlich des Eisernen Vorhanges mittlerweile eine großflächige Aufrüstung mit Nuklearwaffen eingesetzt, aber die Gefahr einer sofortigen, atomaren Eskalation des Krieges schloss deren Ersteinsatz im Grunde völlig aus. Letztlich ließ sich das Konzept der Massiven Vergeltung in der griffigen Formel der späteren Friedensbewegung zusammenfassen: „Wer zuerst schießt, stirbt als Zweiter".[133] Die Gefahr ihrer eigenen Vernichtung machte für beide Machtblöcke einen Krieg in dieser Phase nuklearer Hochrüstung nicht nur unkalkulierbar und hochgradig gefährlich, sondern schlichtweg auch unattraktiv. Denn nach dem globalen Austausch von Nuklearwaffen über einen

---

[132] NATO: MC 14/2 (Final Decision) Overall strategic Concept for the Defense of the North Atlantic Treaty Organization Area, Art. 19, 23.5.1957.
[133] Bundeswehr: Weißbuch 1970, S. 6.

Zeitraum, welchen die NATO mit etwa dreißigtägiger Dauer prognostizierte,[134] wäre für die siegreiche Seite kaum noch etwas übriggeblieben, was sich zu erobern gelohnt hätte.

In Europa wurde ungeachtet der Massiven Vergeltung am Konzept der Vorwärtsverteidigung festgehalten. Noch immer sollte die Ostgrenze des Bündnisses so lange gehalten werden, bis die überseeischen Verstärkungen aus den USA eingetroffen und die strategischen Atomschläge der NATO angelaufen waren. Um ihre Effektivität allerdings zu steigern, wurden nun und in den folgenden Jahren auch die vormals konventionell bewaffneten Verbände der NATO in Europa mit taktischen Nuklearwaffen ausgerüstet.[135] Zwar blieb die Verfügungsgewalt über die eigentlichen Sprengköpfe weiterhin allein in den Händen des US-Präsidenten, im Rahmen des Konzeptes der atomaren Teilhabe stellten aber auch Nicht-Nuklear-Staaten wie die Bundesrepublik Trägersysteme zu deren Einsatz bereit.[136] Durch die nun nukleare Bewaffnung auch taktischer Frontverbände wurde die Eskalationsschwelle eines Atomkriegs außerdem deutlich gesenkt. Die atomare Abschreckung der NATO erhöhte sich also gleichzeitig. Käme es dennoch zu einem Krieg, sollten im Anschluss an die nukleare Kriegsphase die verbliebenen Truppen der NATO eine Offensive gegen den Gegner beginnen, um dessen endgültige Niederlage oder zumindest ein Ende der Kampfhandlungen zu bewirken.[137]

Das Konzept der Massiven Vergeltung und der „mutual assured destruction"[138], auf dem die Abschreckungswirkung der NATO-Atomstreitkräfte beruhte, stellte die Hochphase des Einsatzes von Luftstreitkräften im Kalten Krieg dar. Im Rahmen eines Kriegsbildes, das von der großflächigen atomaren Vernichtung ausging, gab es kaum noch erfolgversprechende Möglichkeiten für einen konventionellen Einsatz von Heeres- oder Marineverbänden. Träger der

---

[134] NATO: MC 14/2 (Final Decision) Overall strategic Concept for the Defense of the North Atlantic Treaty Organisation Area, Art. 16a, 23.5.1957.
[135] Die in dieser Phase in der NATO verwendeten Nuklearwaffen variierten in ihrer Sprenggraft zwischen 0,01 Kilotonnen (Davy Crockett) und 25 Megatonnen (B-41). Zum Vergleich: Die am 6.8.1945 über Hiroshima abgeworfene Atombombe „Little Boy" besaß eine Sprengkraft von etwa 15 Kilotonnen. Quelle: http://nuclearweaponarchive.org/Usa/Weapons/Allbombs.html#MK-18 (Stand: 16.11.2016).
[136] Zur Frage der atomaren Bewaffnung der Bundesrepublik siehe: Knoll, Michael: Atomare Optionen. Kernwaffenpolitik in der Ära Adenauer, Frankfurt a.M. 2013.
[137] Heuser, Beatrice: Die Strategie der NATO während des Kalten Krieges, in: Klaus-Jürgen Bremm u.a. (Hrsg.). Entschieden für Frieden. 50 Jahre Bundeswehr 1955 bis 2005, Freiburg im Breisgau 2005, S. 51-62, hier: S. 57.
[138] Kurz MAD, dt.: wechselseitig zugesicherte Zerstörung.

Massiven Vergeltung war deshalb in erster Linie das atomar bewaffnete Flugzeug beziehungsweise später die atomar bestückte Rakete als Bestandteil der NATO-Strike-Verbände. Nur in dieser Kombination war die Reichweite, Geschwindigkeit und Flexibilität zu gewährleisten, die der Einsatz von Nuklearwaffen gemäß der MC 14/2 erforderte.[139] Dies führte in nahezu allen Streitkräften der NATO zu einem deutlichen Übergewicht der Einsatzplanungen im Bereich der Luftstreitkräfte und zwar sowohl im strategischen als auch im taktischen Bereich. Es führte aber auch zu einer viel zu einseitigen Rüstungsbeschaffung mit Blick auf den Einsatz von Atomwaffen.

MC 14/3 – Flexible Response, 1967 bis 1991

Obwohl die Massive Vergeltung paradoxerweise einer Quadratur des Kreises gleichkam, nämlich die Verhinderung eines Krieges durch die Androhung ultimativer Vernichtung, war sie – nicht allein wegen der mit ihr verbundenen militärischen Drohung mit atomarer Vernichtung – politisch fragwürdig für die Atlantische Allianz. Bereits Mitte der 1950er Jahre deutete sich an, dass das Atomwaffenpotential der Sowjetunion in absehbarer Zeit mit dem der USA konkurrieren könnte.[140] Ein späteres Gleichgewicht der Nuklearwaffen auf beiden Seiten des Eisernen Vorhanges bedeutete aber, dass auch die USA der Gefahr der eigenen Vernichtung im Falle eines Krieges deutlich ins Auge blicken mussten. Zudem hatte der Flug des sowjetischen Satelliten Sputnik 1 im Oktober 1957 gezeigt, dass die Sowjetunion über die Technologie verfügte, Atomwaffen quasi durch den Weltraum zu transportieren. Mit weitreichenden Raketen wurde jeder beliebige Punkt auf der Erde angreifbar – auch die USA!

Vor allem aber war das Konzept der Massiven Vergeltung militärisch unflexibel. Nach der Logik dieser Strategie gab es für die NATO letztlich nur das Mittel eines globalen Atomkrieges, aber so gut wie keinen Handlungsspielraum für räumlich begrenzte, konventionelle Konflikte mit dem Gegner.

Wie dringend notwendig vor allem die Luftstreitkräfte der NATO eine flexiblere Einsatzstrategie hatten, zeigte laut Phillip Meilinger die Planlosigkeit der US-Luftwaffeneinsätze in Korea und Vietnam. Denn weil sich die Planung für den Luftkrieg in der Zeit der Massiven Vergeltung hochgradig theoretisiert hatte, verloren die militärischen Strategen die Fähigkeit, in Bahnen konventioneller Konflikte zu denken. In Südostasien zeigte sich für die US-

---

[139] NATO: MC 14/2 (Final Decision) Overall strategic Concept for the Defense of the North Atlantic Treaty Organisation Area, Appendix "Area planning Guidance", Art. 16, 23.5.1957.
[140] BArch, BW 9/447: Rede Feldmarschall Montgomerys „A look through a window at World War III", S. 9, 16.11.1954.

Luftstreitkräfte, wie schnell sie an die Grenzen ihrer aktuellen Doktrin stießen, sobald sie in Kriege zogen, in denen sich Einsatzverfahren, die für den Atomkrieg gedacht waren, nicht mehr anwenden ließen.[141]

Dass aber gerade derartige Konflikte immer wahrscheinlicher wurden, je deutlicher sich das nukleare Patt abzuzeichnen begann, belegten die Berlin- und Kubakrise 1961 und 1962. Gerade in letzterer standen die USA nach der Stationierung sowjetischer Mittelstreckenraketen auf Kuba an der Grenze eines globalen Atomkrieges. Obwohl der Konflikt durch diplomatisches Geschick und die Androhung militärischer (auch nuklearer) Aktionen gegen die Sowjetunion beigelegt werden konnte, suchte Präsident Kennedy mit seinen Beratern nach neuen Wegen, um beschränkten Konflikten zwischen den Machtblöcken angemessener begegnen zu können. Die Lösung war eine Erhöhung der konventionellen Kapazitäten der NATO, vor allem in Europa, um dort auf kleinere, nicht-atomare Auseinandersetzungen besser vorbereitet zu sein.[142]

Denkbar schienen solche „locale hostile agressions" beispielsweise im Rahmen einer blitzartigen Annektierung Westberlins durch Verbände des Warschauer Vertrages. Im Rahmen der Massiven Vergeltung hätte die NATO in einem solchen Szenario tatenlos zusehen müssen, während sowjetische und ostdeutsche Truppen die Stadt binnen weniger Stunden eingenommen hätten. Noch bevor das westliche Bündnis über weitere militärische Schritte im Rahmen einer solchen Aggression hätte entscheiden können, wäre Moskau in der Lage gewesen, den Westen vor vollendete Tatsachen zu stellen. Zudem war wenig glaubwürdig, dass die USA die Gefahr eines globalen Atomkrieges auf sich nehmen, nur weil Truppen des Warschauer Vertrages eine Zwei-Millionen-Stadt in Mitteleuropa besetzten.[143]

Kennedys Vorschläge zu einer Aufstockung der konventionellen Streitkräfte der NATO stießen jedoch bei den europäischen Bündnispartnern in den 1960er Jahren auf Ablehnung. Für sie hatte sich das Konzept der Massiven Vergeltung bewährt, weil es die Sicherheit ihrer Länder zu garantieren schien und zugleich noch verhältnismäßig einfach finanzierbar war. Eine konventionelle Aufrüstung hingegen zog Investitionen in Milliardenhöhe nach sich. Hin-

---

[141] Meilinger: The Paths of Heaven, S. XXII.
[142] Diese beginnende Flexibilisierung wurde als „Athener-Richtlinien" bereits 1962 in die Verteidigungsplanungen des SACEUR integriert und 1963 durch die neue Bedrohungsanalyse der NATO, die MC 100/1 weiter begründet. Vgl.: Krüger, Dieter: Der Strategiewechsel der Nordatlantischen Allianz und die Luftwaffe, in: Bernd Lemke/Ders. (Hrsg.). Die Luftwaffe 1950 bis 1970. Konzeption, Aufbau, Integration, München 2006, S. 41-69, hier: S. 51f. sowie: Probleme der europäischen Verteidigung. Konventionelle Rüstung und nukleare NATO-Strategie als Problem der militärischen und politischen Einheit der Allianz, in: Wehrkunde (11) 1962, S. 574-582.
[143] Siehe: Steinhoff/Pommerin: Strategiewechsel, S. 91.

zu kam die Furcht, dass die USA, nun mit der Gefahr ihrer eigenen Vernichtung im Rahmen eines Nuklearkrieges konfrontiert, nach Wegen suchten, mögliche Konflikte auf Europa zu beschränken, ohne für dessen Sicherheit durch den Einsatz von Nuklearwaffen tatsächlich einzustehen. Dieter Krüger brachte diese paradoxe Situation treffen auf den Punkt: „Manche Europäer fürchteten, die Amerikaner schössen zu schnell. Andere wiederum sorgten sich, dass sie gar nicht schössen."[144] Kennedys Vorschläge schufen ein tiefes Misstrauen der Europäer in die US-amerikanischen Sicherheitsgarantien für ihren Kontinent, welches sich bis zum Fall der Mauer nie völlig beseitigen ließ.

Die Antwort von NATO-Staaten wie Frankreich oder Großbritannien auf derartige Befürchtungen war der Griff nach eigenen Atomwaffen. Mit ihnen sollte eine eigene, nationale Abschreckung gegenüber dem Warschauer Vertrag aufgebaut werden, wenn auf die Garantien der USA kein Verlass mehr war.[145] Kennedy versuchte diese nationalen Alleingänge zu kontern, indem er den europäischen Bündnismitgliedern eine gemeinsame, seegestützte Nuklearstreitmacht, die NATO Multilateral Force (MLF), anbot. Sie sollte nicht unter Kontrolle der USA, sondern sämtlicher Mitglieder der Allianz stehen.[146] Das Projekt scheiterte jedoch 1964 am Desinteresse Frankreichs und Großbritanniens. Beide waren nicht bereit, eigene Nuklearverbände unter ein geteiltes Oberkommando zu stellen. Derartige Schritte zeigten, dass die Zerfallserscheinungen der Allianz Mitte der 1960er Jahre kaum noch zu verbergen waren. Sie gipfelten 1967 im Austritt Frankreichs aus der militärischen Integration des Bündnisses. Bis dahin war das Land unter der Führung Charles de Gaulles einer der größten Gegner sämtlicher Flexibilisierungspläne der Bündnisstrategie gewesen.

Dennoch hatte sich auch bei den anderen Mitgliedern der Allianz zu diesem Zeitpunkt die Erkenntnis durchgesetzt, dass die NATO mehr Handlungsfreiheit in unterschiedlichen Konfliktlagen gewinnen musste.[147] So wurde das neue Konzept, die Flexible Response,[148] als MC 14/3 im Jahr 1967 verabschiedet. Sie sah als Antwort auf konventionelle Bedrohungen der Allianz eine abgestufte Reaktion mit angemessenen konventionellen Streitkräften vor. Falls eine Aggression des Warschauer Vertrages auf diesem Weg allerdings nicht

---

[144] Krüger: Der Strategiewechsel der Nordatlantischen Allianz, S. 48.
[145] Siehe: Die atomare „Force de Frappe" Frankreichs – ihr Prinzip und ihre Realisierungsmöglichkeiten, in: Wehrkunde (2) 1960, S. 68-76.
[146] Siehe: Perspektiven einer multilateralen NATO-Atommacht, in: Wehrkunde (4) 1963, S. 186-191 sowie: MLF, eine politische Klammer, in: Soldat und Technik (5) 1964, S. 258.
[147] Siehe: Die „Krisenbeherrschung", in: Wehrkunde (5) 1966, S. 228-232 sowie: Krisenbeherrschung in Europa, in: Wehrkunde (7) 1966, S. 333-336.
[148] Im Gegensatz zur Massiven Vergeltung hat sich im deutschen Sprachgebrauch der Begriff „Flexible Response" und nicht flexible Reaktion bzw. flexible Antwort etabliert. Im Nachfolgenden wird hier deshalb die englische Bezeichnung genutzt.

einzudämmen war, behielt sich die NATO vor, den Konflikt gezielt stufenweise zu eskalieren, um damit die Gefahren und Kosten für den Gegner auf ein unerträgliches Maß ansteigen zu lassen. Diese Eskalation konnte rein konventionell erfolgen, beispielsweise durch die Eröffnung einer zweiten Front an einem anderen Schauplatz. Aber auch der selektive Einsatz von Nuklearwaffen durch die NATO war denkbar. Diese sollten in jedem Fall dann zum Einsatz kommen, wenn die Allianz Gefahr lief, in Europa in einem konventionellen Krieg zu unterliegen.[149] Sie waren also als letzte und ultimative Verteidigungslinie des Bündnisses gedacht. Obwohl die Flexible Response deutlich von der Idee abrückte, einen möglichen Krieg mit der Sowjetunion zu vermeiden und eher nach Wegen suchte, wie ein Krieg, zumindest begrenzten Umfanges, noch geführt werden konnte, wurde sie jedoch von der NATO bis zum Ende der Blockkonfrontation beibehalten.

Die 1960er Jahre sind dennoch bis heute als das Krisenjahrzehnt der NATO in die Geschichte eingegangen.[150] Sie waren sie auch das Krisenjahrzehnt der Luftwaffe.

---

[149] NATO: MC 14/3 (Final): Overall strategic Concept for the Defense of the North Atlantic Treaty Organisation Area, Art. 17b, 16.1.1968.
[150] Siehe: Ein Plädoyer für die NATO, in: Soldat und Technik (5) 1966, S. 227f.

III. Denken in Doktrinen
1. Der Standpunkt der Luftwaffe innerhalb der Bundeswehr

Betrachtet man militärische Doktrinen und Einsatzkonzeptionen, dann stellt sich zwangsläufig die grundlegende Frage, welche Rolle diesen Vorschriften zugedacht ist und für wen sie gelten sollen. Ebenso bleibt zu klären, welchen Stellenwert die Doktrin oder Einsatzkonzeption nicht nur für die Luftwaffe, sondern auch für deren Standpunkt innerhalb der Bundeswehr als den Gesamtstreitkräften der Bundesrepublik besitzt. Dieser Faktor ist zentral für das Selbstverständnis eines militärischen Teilbereiches und seiner Akteure. Er definiert, ob der Luftwaffe zugestanden wird, eigenständige Konzepte für die Beteiligung an einem militärischen Konflikt zu erarbeiten und durchzuführen oder ob sie sich in gewissen Belangen dem Interesse der Gesamtstreitkräfte oder anderen Teilstreitkräften unterzuordnen hat.

Die Fragen nach dem Grad dieser Selbstständigkeit der Luftwaffe sind weitreichend. Eine Luftkriegsdoktrin beispielsweise greift sowohl in das Selbstbild dieser Teilstreitkraft, ihr gesellschaftliches und innermilitärisches Prestige, die Motivation ihrer Soldaten als auch in Finanz-, Ausbildungs- und Ausrüstungsfragen ein. Nahezu jeder Bereich der täglichen Arbeit der Luftwaffe ist davon abhängig, welche Rolle sie als Teil der Gesamtstreitkräfte einnehmen kann und soll.

Die gleichen oder ähnlichen Faktoren gelten aber auch für Selbstbild und Interessen von Heer und Marine. Dementsprechend sind Verteilungs- und Machtkämpfe zwischen den jeweiligen Führungsebenen der Teilstreitkräfte vorprogrammiert. Nicht zuletzt spielt in diesem Kontext auch die politische Leitung und militärische Führung des Verteidigungsministeriums eine wichtige Rolle. Ihr obliegt es, zwischen den militärischen Instanzen zu vermitteln, beziehungsweise einen eigenen Standpunkt diesen gegenüber zu beziehen.

Im Fall der Bundeswehr steht dabei ein spezifisch deutsches Paradigma im Vordergrund, das bis mindestens 1968 das Verhältnis zwischen den Teilstreitkräften Heer und Luftwaffe bestimmte. Auf Grund der geostrategischen Lage der Bundesrepublik und den Erfahrungen der kriegsgedienten Führungsgeneration der Bundeswehr lag der militärische Fokus innerhalb der Führung der Streitkräfte vorrangig auf dem Heer als Träger der nationalen Verteidigung. Deutlich wurde dies in der jungen Bundeswehr vor allem in den Studien des ersten Generalinspekteurs, General Adolf Heusinger.[151] Seit jeher waren der

---

[151] Groß, Gerhard P.: Mythos und Wirklichkeit. Geschichte des operativen Denkens im deutschen Heer von Moltke d.Ä. bis Heusinger, Paderborn 2012, S. 283f.

Aufbau und die Organisation deutscher Streitkräfte heeresgeprägt gewesen.[152] Dies schlug sich in der Bundeswehr beispielsweise auch deutlich in der Besetzung von Spitzenstellen wieder. So bekleidete ein Luftwaffengeneral erstmals 2004 den einflussreichen Dienstposten als Oberbefehlshaber der Allianz im Bereich Europa Mitte (CINCENT).

Zuvor, im Zweiten Weltkrieg, waren es die Heeresverbände der Wehrmacht, die die großflächigen Eroberungen zu Beginn des Krieges überhaupt erst ermöglichten. Es war auch das Heer, das sich ab 1942 vor allem an der Ostfront gegen die sowjetische Offensive stellte und entsprechend in den Rückzugsgefechten der letzten Kriegsjahre einen Großteil der personellen und materiellen Verluste der Wehrmacht verzeichnete. Aus Sicht vieler Heeresoffiziere fühlte man sich gerade in dieser letzten Phase des Krieges von der eigenen Luftwaffe im Stich gelassen. Ihr gelang es kaum noch, dem Heer an der Front spürbare Entlastung und Unterstützung zukommen zu lassen.[153]

Der Drang der Heeresplaner zwischen 1950 und 1956, die Luftwaffe im Zuge der westdeutschen Wiederbewaffnung stärker an die Heeresverbände zu binden, war ein wichtiges Motiv militärischer Konzeptionen der heeresgeprägten Führungsebene des Amtes Blank Mitte der 1950er Jahre. Man glaubte, ein erneutes Überrennen der eigenen Verbände im Falle eines sowjetischen Angriffes verhindern zu können, wenn die Luftwaffe auf dem Höhepunkt der Kampfhandlungen am Boden direkt darin eingriff.[154] Die Luftwaffe hatte hingegen während des Krieges die Erfahrung gemacht, dass sie massiv an Handlungsfreiheit und Flexibilität verlor, wenn sie zu sehr in der verlustreichen Heeresunterstützung im direkten Kampfgebiet eingesetzt wurde.[155] Bevor derartige Einsatzoptionen für Luftstreitkräfte überhaupt möglich wurden, musste zunächst die Luftüberlegenheit im Operationsgebiet errungen werden. Aus Sicht der Luftwaffenplaner mussten ihre Ressourcen deshalb in erster Linie zur Luftverteidigung aufgewendet werden. Die Unterstützung des Heeres kam erst an zweiter oder gar dritter Stelle ihrer Prioritätenliste und selbst dann eher in Form von Gefechtsfeldaufklärung und/oder Air Interdiction.[156]

Generäle der Aufbaugeneration der Luftwaffe, wie auch deren erster Inspekteur Kammhuber, scheiterten allerdings regelmäßig dabei, ihre Heereska-

---

[152] Ebd., S. 3f.
[153] BArch, BW 9/2440-1: II/Pl/L an Leiter II über Leiter II/Pl, Blatt 38, 15.10.1954.
[154] Ebd., Blatt 37.
[155] Schmidt, Wolfgang: Briefing statt Befehlsausgabe. Die Amerikanisierung der Luftwaffe 1955 bis 1975, in: Bernd Lemke/Dieter Krüger u.a. (Hrsg.). Die Luftwaffe 1950 bis 1970. Konzeption, Aufbau, Integration, München 2006, S. 649-691, hier: S. 656.
[156] BArch, BW 9/1373: Kurz gefaßte Gedanken zur Aufstellung deutscher Luftwaffenverbände als Beitrag zur Verteidigung von Heimat und Europa, März 1951.

meraden davon zu überzeugen, wie wichtig das Prinzip der Luftüberlegenheit auch für den Einsatz des Heeres an der Front war.[157] Die daraus entstehende Diskrepanz zwischen Heeres- und Luftwaffenansichten war der Kern von Debatten und Diskussionen zwischen beiden Teilstreitkräften in der Konzeptions- und Aufstellungsphase der Bundeswehr.[158] In der Frühphase der Bundeswehr ging es für die Luftwaffenführung darum, sich ihren Standpunkt unter den Teilstreitkräften zu erarbeiten. Innerhalb des Ministeriums und dem Amt Blank als Vorläufer musste sie ihn sich teils gar erkämpfen. Am Ende dieses Prozesses stand letztlich die Beantwortung der wichtigen, doktrinären Frage für die Luftwaffe: „Wer sind wir als militärische Einheit?".

a) *Der doktrinäre Standpunkt von Luftstreitkräften in Reichswehr und Wehrmacht*

Die Forderung, Luftstreitkräfte als selbstständige Teilstreitkräfte innerhalb einer Gesamtarmee aufzustellen, entwickelte sich international erst ab 1918. Während des Ersten Weltkrieges wurden die Fliegerkontingente der Kaiserlichen Armee noch zwischen den etablierten Sphären von Heer und Marine aufgeteilt – und beim Heer mangels besserer Alternativen den Verkehrstruppen zugeordnet. In den 1920er Jahren forderte die erste Generation von Luftkriegstheoretikern, beispielsweise der italienische Offizier Giulio Douhet, dann den Aufbau eigenständiger Luftwaffen als eigene Teilstreitkräfte moderner Armeen.[159] Die besonderen Eigenschaften, die das Flugzeug als Hauptkampfmittel im Luftkampf 1914 bis 1918 unter Beweis gestellt hatte, wären andernfalls empfindlich limitiert worden. Es drohte eine Verschwendung seines Potentials, wenn ein derart flexibles Waffensystem lediglich nach den Vorstellungen der Heeres- oder Marineführung zum Nutzen beider Teilstreitkräfte als reines Hilfsmittel eingesetzt worden wäre.

In der Folge bedeutete dies, dass die Luftstreitkräfte nahezu aller großen Nationen, die später am Zweiten Weltkrieg beteiligt waren, als selbstständige Teile der Gesamtstreitkräfte angelegt waren. Lediglich die dem Heer zugeordnete amerikanische US Army Air Force sowie die Kaiserlich Japanischen Heeresluftstreitkräfte bildeten bedeutende Ausnahmen. Grundsätzlich galt dies auch für den Bereich der Seefliegerei, wo international die meisten Luftstreit-

---

[157] Siehe: Über den Standort einer modernen Luftverteidigung, in: Wehrkunde (12) 1955, S. 535-539, hier: S. 538.
[158] Zum hohen Stellenwert der Luftunterstützung für das Heer siehe: Die Zusammenarbeit der Panzertruppe mit der taktischen Luftwaffe, in: Wehrkunde (12) 1953, S. 15-19, hier: S. 15.
[159] Douhet: Luftherrschaft, S. 26f.

kräfte der Marine zugeordnet waren. Diese Einteilung gilt in der Regel bei Marinefliegerverbänden bis in die Gegenwart. Das Deutsche Reich bildete hier allerdings eine Ausnahme.

Obwohl es in Deutschland der Reichswehr nach 1918 nicht gestattet war, eigene Luftstreitkräfte zu unterhalten, studierte die Führung der deutschen Armee in den 1920er Jahren die internationale Entwicklung in der militärischen Luftfahrt sehr genau. Unter der Leitung von Generaloberst Hans von Seeckt als Chef der Heeresleitung und Oberstleutnant Helmut Wilberg, der den geheimen Luftwaffenstab der Reichswehr in der Heeresleitung führte, wurden erste Grundlagen für den Wiederaufbau deutscher Luftstreitkräfte gelegt.[160] Diese Vorüberlegungen standen ab 1933 beim zuerst verdeckten und ab 1935 auch offenen Aufbau der Luftwaffe Pate.

Welchen Standpunkt die nun als selbstständiger Wehrmachtsteil entstehende Luftwaffe innerhalb der Gesamtstreitkräfte einnehmen sollte, definierte ihr oberstes Führungsdokument, die Luftkriegsdoktrin L.Dv. 16 von 1935: „[Die Luftkriegführung] versteht hierunter die Kriegshandlungen, die sich aus dem selbstständigen Auftreten der Luftwaffe als drittem Wehrmachtsteil ergeben."[161] Die Frage, inwieweit die Luftwaffe dem Einfluss insbesondere des Heeres untergeordnet war, stellte sich somit von vornherein nicht in der Wehrmacht, zumindest nicht formell. Dennoch erkannten bereits die Verfasser der L.Dv 16, dass eine zu starke räumliche und organisatorische Trennung der Luftwaffe von den anderen Teilstreitkräften der Wehrmacht zu einer gefährlichen Isolation ihres Selbstbildes führen konnte. Deshalb wurde im Paragraphen 8 der Vorschrift gezielt darauf hingewiesen, dass „sich die Luftwaffe, auch wenn ihr die unmittelbare Verbindung mit Heer und Kriegsmarine fehlt, stets als Teil der Wehrmacht fühlen und sich der Gemeinsamkeit des Kampfes aller Wehrmachtsteile bewußt sein [soll]."[162] Diese Aussage ist durchaus bemerkenswert, belegt sie doch eine Weitsicht, welche die L.Dv 16 in vielerlei Punkten unter Beweis stellen sollte. Tatsächlich wird die Vorschrift bis heute als eine der modernsten ihrer Zeit gesehen.[163] Wie zentral ihr Stellenwert für die im Entstehen befindliche Luftwaffe war, zeigt auch ihre schnelle Erstellung. Binnen gerade einmal zwei Jahren wurde die Doktrin von einer zehnköpfigen Projektgruppe im Reichsluftfahrtministerium verfasst, die unmittelbar dem Stabschef

---

[160] Corum, James S.: Airpower Thought in Continental Europe between the Wars, in: Phillip S. Meilinger (Hrsg.). The Paths of Heaven. The Evolution of Airpower Theory, Maxwell 1997, S. 151-181, hier: S. 169.
[161] Wehrmacht: L.Dv. 16 - Luftkriegführung, S. 1.
[162] Ebd., S. 9.
[163] Corum: Airpower Thought in Continental Europe, S. 168.

der Luftwaffe, Generalmajor Walter Wever, unterstellt war. Die übrigen Abteilungen des Ministeriums waren zur Zuarbeit verpflichtet. Damit unterschied sich die Erarbeitung der L.Dv. 16 deutlich von jener der späteren LDv 100/1 in der Bundeswehr.[164]

Die tatsächlichen Abhängigkeitsstrukturen der Luftwaffe waren aber mitunter deutlich komplizierter. Dem Deutschen Reich fehlten in der Aufbauphase der Luftwaffe die Mittel, sowohl starke strategische als auch taktische Verbände gleichzeitig aufzubauen. Außerdem verstarb Wever, der den Aufbau einer strategisch ausgerichteten Luftwaffe propagierte, bereits 1936.[165] In der Folge näherte sich die Luftwaffe, unter Wevers Nachfolgern Albert Kesselring und Hans Jeschonnek, in ihren Aufgaben immer mehr einer Art Heeresluftwaffe an. Die Kampfhandlungen der Wehrmacht zu Beginn des Zweiten Weltkrieges, die vor allem von beweglichen Panzerverbänden im Rahmen der Blitzkriegsführung geprägt waren, erforderten primär den Einsatz der Luftwaffe zur Heeresunterstützung. Die Luftstreitkräfte waren zudem schon seit ihrem Einsatz im Spanischen Bürgerkrieg[166] nicht mehr völlig frei in ihrer Entscheidungsfindung und mussten sich, insbesondere auf der untersten taktischen Ebene, zunehmend den Anforderungen der Heeresführung in den jeweiligen Frontabschnitten unterordnen.[167] Auch in der Reichsverteidigung konnte die Luftwaffe nur im Bereich der zunehmend zahlenmäßig deutlich unterlegenen Jagdverbände frei über deren Einsatz entscheiden. Die der Luftwaffe zugeordnete Flakartillerie wurde ab 1943 immer wieder dadurch geschwächt, dass Verbände zur Unterstützung des Heeres im Erdkampf abkommandiert wurden. Diese Gemengelage und die mangelhafte Koordination zwischen Flak- und Jagdverbänden limitierte die Effizienz der deutschen Luftverteidigung erheblich.[168]

Für das Verständnis der späteren Aufstellungsplanung westdeutscher Luftstreitkräfte im Zuge der Wiederbewaffnung sind die Strukturen, in denen die Luftwaffe während des Krieges agierte, ein wichtiges Element.

---

[164] BArch, BL 1/1903 9: Erarbeitung LDv 100/1, 2.11.1962.
[165] Corum: Airpower Thought in Continental Europe, S. 172f.
[166] Vgl.: Schüler-Springorum, Stefanie: Krieg und Fliegen: Die Legion Condor im Spanischen Bürgerkrieg, Paderborn 2009.
[167] Boog: Führungsdenken, S. 188.
[168] Feuchter: Der Luftkrieg, S. 120 u. S. 304f.

b) Himmerod – Idee der Heeresluftwaffe

Im Rahmen der Himmeroder Konferenz im Oktober 1950 wurde erstmals von ehemaligen Offizieren der Wehrmacht im Auftrag der Bundesregierung formell darüber nachgedacht, wie sich ein westdeutscher Beitrag zu einer gesamteuropäischen Verteidigung im Rahmen der NATO gestalten könnte. Während die Konzeptionen für den Aufbau von Heeresverbänden im Abschlussdokument, der Himmeroder Denkschrift, bereits relativ fundiert waren, musste man sich bei den Überlegungen zum Aufbau westdeutscher Luftstreitkräfte auf vage Annahmen beschränken.[169] Zu diesem Zeitpunkt verfügten die Teilnehmer der Tagung noch über keinerlei Einblick in die Luftkriegskonzeptionen der NATO-Mächte. Deren Luftkriegsstrategie hatte sich nach 1945 unter dem Eindruck neuer Technologien sowie den Kampfhandlungen in Korea im strategischen und taktischen Bereich deutlich weiterentwickelt.

Von den 15 Teilnehmern der Konferenz stammten lediglich drei aus der ehemaligen Luftwaffe der Wehrmacht, in der sie zudem keine Spitzenverwendungen bekleidet hatten.[170] Dies erklärt, weshalb die Luftwaffen-Konzeption der Himmeroder Expertengruppe so klar vom Standpunkt von Heeresoffizieren geprägt war. Während der Konferenz war außerdem umstritten, ob die neuen Luftstreitkräfte überhaupt im Rahmen einer eigenen Teilstreitkraft wiederentstehen sollten.[171] Unstrittig war lediglich, dass überhaupt wieder fliegende Verbände unterhalten werden mussten, zumindest im Rahmen von Marine- und Heeresfliegern. Beschränkt wurde deren Einsatz aber von vornherein auf die taktische Ebene. Eine strategische Komponente auf deutscher Seite hätten die alliierten Partner ohnehin weder geduldet, noch war sie angesichts der zu diesem Zeitpunkt bestehenden strategischen Dominanz der USA gegenüber der Sowjetunion notwendig.

Die Frage also, ob eine selbstständige Luftwaffe für die Bundeswehr notwendig war, hing eng mit dem Thema der Luftverteidigung über dem Bundesgebiet zusammen. Diese Aufgabe übernahmen bis dato die in der jungen Bundesrepublik stationierten Luftstreitkräfte der Siegermächte. Falls diese auch

---

[169] Vgl.: Rautenberg, Hans-Jürgen: Die Luftwaffenkonzeption in der Himmeroder Denkschrift, in: Truppenpraxis, Heft 11/1980, S. 931-940.
[170] Die Generäle der Flieger a.D. Robert Knauss, zuletzt Kommandeur der Luftwaffenkriegsakademie Berlin-Gatow; Rudolf Meister, zuletzt Amtschef des Luftwaffenpersonalamts sowie der Major i.G. Horst Krüger. Vgl.: Rautenberg, Hans-Jürgen/Wiggershaus, Norbert: Die „Himmeroder Denkschrift" vom Oktober 1950. Politische und militärische Überlegungen für einen Beitrag der Bundesrepublik Deutschland zur westeuropäischen Verteidigung, Karlsruhe 1977, S. 19.
[171] Ebd., S. 29.

weiterhin bereit sein sollten, die kosten- und materialaufwändige Luftverteidigung zu stellen, genügten für die deutschen Planungen allein Fliegerverbände im Rahmen von Heer und Marine. Eine eigenständige Luftwaffe wäre also verzichtbar gewesen. Im Endeffekt hätte dies dem Aufbau einer reinen „Heeresluftwaffe" entsprochen, die nach Weisung des Heeres vor allem für Aufklärung, Lufttransport und Luftnahunterstützung zuständig gewesen wäre.[172] Vor allem die letzte Aufgabe wollten die westdeutschen Streitkräfteplaner auf keinen Fall den künftigen alliierten Partnern überlassen; auch weil durch die Sprachbarriere innerhalb der NATO eine erhebliche Gefährdung eigener Bodentruppen zu erwarten war. Die Idee einer Heeresluftwaffe bezog ihre Rechtfertigung auch aus der durchaus begründeten Feststellung, dass im Zeitalter des modernen Luftkrieges eine rein nationale Luftverteidigung für einen Frontstaat wie die Bundesrepublik ohnehin nicht mehr denkbar war. Sie konnte allenfalls „im Rahmen der einheitlichen Luftverteidigung Gesamt-Europas gelöst werden".[173]

Die Himmeroder Denkschrift markierte den Beginn einer ersten offiziellen Beschäftigung der westdeutschen Planungsriege nach 1945 mit den Möglichkeiten des Wiederaufbaus eigener Luftstreitkräfte. Unter den Bedingungen des Jahres 1950, als zeitgebundene Skizze einer Wiederbewaffnung gedacht, war die Denkschrift vor allem durch Pragmatismus geprägt. In diesem Sinne war auch die Idee einer Heeresluftwaffe nicht als Versuch zu verstehen, von vornherein neue Luftstreitkräfte der Dominanz des Heeres unterzuordnen. Vielmehr war das Konzept der kleinste, gemeinsame Nenner der Teilnehmer, der unter dem Eindruck der starken alliierten Luftwaffenverbände in Mitteleuropa einen deutschen Beitrag zur gemeinsamen europäischen Verteidigung darstellen konnte.[174]

Die konzeptionellen Ansätze der Denkschrift zu den künftigen Luftstreitkräften hatten damit keinen langen Bestand. Sowohl Briten als auch US-Amerikaner, die als Partnernationen den Aufbau der Bundeswehr ab etwa 1952 unterstützten, lehnten das Konzept einer Heeresluftwaffe von vornherein ab. Sie waren nicht nur bereit, der Bundesrepublik umfassender handelnde Luftstreitkräfte zuzubilligen, sie forderten sie geradezu. Nach ihren Luftkriegskonzepten war nur der Aufbau einer selbstständigen Luftwaffe denkbar und sinnvoll. Anders ließ sich die optimale Ausnutzung der Flexibilität, Geschwindigkeit und Reichweite nicht umsetzen, die Flugzeuge als Kampfmittel boten.[175] Zudem sollte so auch der Bundesrepublik als NATO-Anwärter von vornherein klarwerden, dass sie die Verantwortung für große Teile der Luftverteidigung des

---

[172] Ebd.
[173] Ebd., S. 46.
[174] Lemke: Konzeption und Aufbau der Luftwaffe, S. 95f.
[175] Ebd., S. 99.

eigenen Gebietes nicht allein auf ihre alliierten Partner abwälzen konnte. Stattdessen musste die Bundesregierung sowohl finanziell als auch materiell angemessen dazu beitragen, die Abwehrfähigkeit der NATO-Luftstreitkräfte auf dem eigenen Staatsgebiet zu erhöhen. Möglich war dies aber nur dann, wenn die Bundeswehr eine taktisch breit aufgestellte Luftwaffe unterhielt, die auch Jagdgeschwader umfasste.

Nicht zuletzt war für die NATO-Partner klar, dass für die Luftstreitkräfte der Allianz in Europa eine integrierte Führungsorganisation obligatorisch und überlebenswichtig war. Eine Integration von Luftstreitkräften einer Bündnisnation, die lose auf Heer und Marine verteilt waren, wäre in diesem Szenario völlig undenkbar gewesen.[176] Somit verbot sich das Konzept einer Heeresluftwaffe für die Bundeswehr letztlich von selbst.[177]

Um Einfluss auf Form und Aufgaben der neuen Luftwaffe gewinnen zu können, setzte sich der Oberbefehlshaber der US Air Force Europe (1952-1956) und spätere SACEUR (1956-1963) General Lauris Norstad[178] ab 1952 zuerst dafür ein, einen Stab an US-amerikanischen Beratern in das Amt Blank zu entsenden, um dort die Luftwaffe gemäß amerikanischer Vorstellungen zu formen. Das Vorhaben scheiterte zwar am Widerstand Frankreichs, dennoch fanden zwischen deutschen und US-amerikanischen Verantwortlichen monatliche Treffen statt, die Fragen zum Aufbau der westdeutschen Luftwaffe zum Thema hatten. Diese Treffen gaben die Richtung für den Entstehungsprozess der Luftwaffe vor. Ab Herbst 1952 stand dann endgültig fest, dass die Luftwaffe als selbstständiger, dritter Teil der Bundeswehr entstehen sollte.[179] In diesem Sinn war die Luftwaffe also durchaus schon seit ihrer Gründung „amerikanisiert" und maßgeblich durch den Einfluss Norstads geprägt, der bereits eine gewichtige Rolle beim Aufbau der USAF gespielt hatte.[180]

---

[176] BArch, BW 9/1373: Kurz gefaßte Gedanken zur Aufstellung deutscher Luftwaffenverbände als Beitrag zur Verteidigung von Heimat und Europa, März 1951.
[177] Schmidt: Briefing statt Befehlsausgabe, S. 656f.
[178] Zur Person Norstads vgl.: Jordan, Robert S.: Norstad. Cold-War NATO Supreme Commander. Airman, Strategist, Diplomat, New York 2000.
[179] Schmidt: Briefing statt Befehlsausgabe, S. 658.
[180] Zur Aufbauhilfe der USA für die Bundeswehr siehe: Birtle, Andrew James: Rearming the Phoenix: U.S. Military Assistance to the Federal Republic of Germany 1950-1960, New York 1991 sowie: Corum, James S.: Building a new Luftwaffe: The U.S. Airforce and Bundeswehr planning for rearmament, in: The Journal of Strategic Studies (1) 2004, S. 89-113.

c) Andauernde Konflikte mit dem Heer

Als die Aufstellung der Luftwaffe im Januar 1956 formell anlief, stand ihre Existenz als Teilstreitkraft zwar nicht mehr zur Diskussion, dafür kam es innerhalb des Bundesministeriums für Verteidigung zunehmend zu Auseinandersetzungen zwischen den Führungsstäben von Heer und Luftwaffe.

Im Kern ging es dabei um die Frage, inwieweit das Heer einen Anspruch auf die Unterstützungsleistungen der Luftwaffe hatte oder ob diese vielmehr ihre Einsätze selbstständig planen und durchführen konnte. Dabei waren einige Parameter entscheidend für den Verlauf der Debatte: Durch die Nuklearisierung des Krieges hatten Luftstreitkräfte global an Bedeutung gewonnen. Dies betraf zwar in erster Linie strategische Bomberverbände der Nuklearmächte, aber eine weitere technische Verkleinerung der US-amerikanischen Atomwaffen im Zuge des Projekts „Vista"[181] ermöglichte es ab 1958 auch der deutschen Luftwaffe, im Ernstfall US-amerikanische Nuklearwaffen einzusetzen.[182]

Auf Grund ihrer hohen Zerstörungskraft waren aber selbst taktische Atomwaffen weniger militärische als vor allem politische Instrumente. Der Zugriff auf sie wertete die Bedeutung der Luftwaffe innerhalb der Bundeswehr massiv auf, denn nur sie verfügte mit Jagdbombern und später ballistischen Raketen auch über geeignetes Gerät, um Atomsprengkörper militärisch sinnvoll einzusetzen. – Später weitete sich die Nuklearisierung in der Luftwaffe mit der Einführung der Boden-Luft-Rakete NIKE-Hercules auch noch auf die Flugabwehr aus.[183]

Zeitgleich stiegen ab Mitte der 1950er Jahre mit dem Aufkommen der zweiten Generation von Strahlflugzeugen deren Produktionskosten drastisch an. In der Folge wurden Kampfeinsätze zur direkten Nahunterstützung des Heeres, die immer mit hohen Verlusten an Maschinen verbunden waren, zunehmend unwirtschaftlich. Der Unterhalt einer kampfbereiten Luftwaffe erforderte nun horrende finanzielle Mittel, die, falls der Fokus der nationalen Rüstung auf die Luftstreitkräfte gelegt wurde, an anderen Stellen des Verteidigungsetats eingespart werden mussten. Nicht zuletzt vertrat die Luftwaffe mit zunehmendem Statuszuwachs auch ein von den Konzeptionen des Heeres abweichendes Kriegsbild, das sich deutlich an die Strategie der Massiven Vergeltung anlehnte. In dessen Mittelpunkt stand in erster Linie die umfassende nuk-

---

[181] Vgl.: Elliot, David C.: Project Vista and Nuclear Weapons in Europe, in: International Security (IS) (11) 1986, S. 163-183.
[182] Lemke: Konzeption und Aufbau der Luftwaffe, S. 178f.
[183] Ebd., S. 250f.

leare Abschreckung, getragen durch die taktischen und strategischen Luftstreitkräfte der NATO.[184] Position und Selbstverständnis der Luftwaffe spiegelten damit das Konzept des US-amerikanischen „New Look" in verkleinerter Form auch in Deutschland wider: Die Luftwaffe war, zumindest solange die NATO an der MC 14/2 festhielt, der militärische Maßstab aller Dinge im Rahmen eines Atomkrieges. Heer und Marine konnten in diesem Szenario nur hinhaltenden Widerstand auf dem Gefechtsfeld leisten. Entschieden worden wären die Kampfhandlungen vermutlich durch Atomschläge aus der Luft.

Diese aufgewertete Stellung der Luftwaffe innerhalb der Bundeswehr wurde ab 1958 auch auf der politischen Ebene durch die Bundesregierung mitgetragen, insbesondere durch Bundesverteidigungsminister Franz-Josef Strauß.[185] In seine Amtszeit fiel, auf ausdrücklichen Wunsch der Luftwaffe, die Beschaffungsentscheidung für den F-104G Starfighter als neuem Hauptwaffensystem der Luftstreitkräfte. Mit einem Umfang von mindestens 8 Milliarden DM lief ein Rüstungsprogramm an, das sämtliche bis dahin getätigten Beschaffungen von Heer und Marine in den Schatten stellte.[186] Hinzu kam, dass die neue Maschine in der deutschen G-Version prädestiniert für den atomaren Strike-Auftrag im Rahmen der Abschreckungsdoktrin der NATO war. Dies unterstrich noch einmal deutlich, wie sehr sich die Luftwaffe zu Beginn der 1960er Jahre vom Heer als der bislang maßgebenden Teilstreitkraft emanzipiert hatte.

Auch die neu entstehenden Führungsdokumente der Luftwaffe begannen, dieses Selbstwertgefühl wiederzugeben. Ein Beispiel dafür war das „Merkblatt Luftwaffe", eine Art Handreichung für Heeresoffiziere, welches die Abteilung Luftwaffe im Amt Blank 1954 erstellt hatte. Dieses Merkblatt sollte bei seinen Adressaten ein Grundverständnis für Aufgaben und Einsatz der Luftwaffe schaffen. Es unterstrich, dass sich die Luftwaffe als eine eigenständige Teilstreitkraft verstand, deren Hauptaufgabe gerade nicht in der alleinigen Unterstützung des Heeres lag. Das „Merkblatt Luftwaffe" ist bemerkenswert, weil es erstmals kurz und prägnant das neue Selbstverständnis der Luftwaffe in die ganze Bundeswehr trug. Insofern kann es – pointiert formuliert – als verkleinerte Luftkriegsdoktrin gesehen werden.[187]

---

[184] BArch, BL 1/1753: Der Inspekteur der Luftwaffe – Stellungnahme zu den Studien der Inspekteure des Heeres und der Marine, Blatt 16f., 1.11.1959.
[185] Dabei ist nicht unerheblich, dass Strauß und Inspekteur Kammhuber einander freundschaftlich verbunden waren. Faktisch gelangte Strauß erst durch Informationen, die ihm sein bayrischer Landsmann Kammhuber aus dem Verteidigungsministerium zugespielt hatte, in das Amt des Verteidigungsministers. Siehe: Strauss: Der Primus, in: Der SPIEGEL (1) 1957, S. 19f.
[186] Siehe: Ein gewisses Flattern, in: Der SPIEGEL (5) 1966, S. 21-36, hier: S. 25.
[187] BArch, BW 9/1902: Merkblatt Luftwaffe (Vorentwurf), 3.7.1954.

Die Luftwaffe erreichte ihre faktische Dominanz innerhalb der Bundeswehr etwa um 1960. Nach außen hin stellte sie sich zwar als Teil einer auf Kooperation angewiesenen Gesamtarmee[188] dar, nach innen hingegen lehnte sie jedoch taktische Konzepte und Forderungen, die von Seiten des Heeres vorgetragen wurden, in der Regel ab. Trotzdem muss hier betont werden, dass solche Konflikte nicht nur in der Bundeswehr stattfanden. Sie keimten zu dieser Zeit in nahezu allen größeren Armeen der NATO-Mitglieder auf. Dort, wo den Luftstreitkräften auch strategische Aufgaben zufielen, waren die Konflikte unter den Teilstreitkräften noch ausgeprägter.

Einige Dokumente aus dem Führungsstab der Luftwaffe geben einen deutlichen Eindruck von den Auseinandersetzungen, die zwischen Heer, Luftwaffe und Marine in Bezug auf das zu erwartende Kriegsbild herrschten. 1959 beauftragte Generalinspekteur Adolf Heusinger die Inspekteure der Teilstreitkräfte damit, strategische Konzeptionen für die Kriegführung mit dem Warschauer Vertrag in einem „General War"[189] zu erstellen. Gerade die Heeresführung vertrat daraufhin den Standpunkt, dass eine erfolgreiche Verteidigung der NATO-Ostgrenze im Rahmen einer beweglichen Kampfführung der Heeresverbände durchaus möglich sei.[190] In seiner Stellungnahme zur Heereskonzeption lehnte der Inspekteur der Luftwaffe, Generalleutnant Kammhuber, solche Vorstellungen klar ab. Seine Kritik an den überholten Konzepten des Landkrieges macht er dabei recht deutlich: „Das Rad der Geschichte läßt sich nicht zurückdrehen; die Zeit, wo der „kontinentale Degen" seine gewichtige Rolle in Europa spielte, ist endgültig vorbei. Die Atombombe ist keine Zusatzwaffe […] Man kann bei ihrer Anwendung die alte Kampfweise nicht mehr beibehalten."[191]

Nach Auffassung der Luftwaffenführung würde es nach Beginn eines Atomkrieges schlichtweg keine Bedingungen mehr geben, unter denen überhaupt noch irgendeine erfolgversprechende Art von Kampfführung der Landstreitkräfte denkbar sein könnte. Anders als die Heeresseite prognostizierte, machte Kammhuber deutlich, dass ein nuklear geführter Krieg zwischen den Militärbündnissen keine Angelegenheit von Wochen oder Monaten, sondern lediglich von wenigen Stunden oder Tagen war. Zudem wären die Auswirkungen der innerhalb von Minuten auf westdeutschen Boden niedergehenden Atomschläge so drastisch, dass sämtliche größere Heeresverbände binnen kürzester Zeit vernichtet worden wären. Ähnliches galt ebenso auch für die Stütz-

---

[188] BArch, BL 1/2: Interview General Kammhuber mit der Zeitung „Flugwelt", 1955.
[189] Großflächiger Atomkrieg.
[190] Thoß: NATO-Strategie und nationale Verteidigungsplanung, S. 218f u. S. 402f.
[191] BArch, BL 1/1753: Der Inspekteur der Luftwaffe – Stellungnahme zu den Studien der Inspekteure des Heeres und der Marine, Blatt 9, 1.11.1959.

punkte der Luftwaffe sowie größere zivile Ballungszentren. Ein effektiver Schutz westdeutschen Gebietes und der eigenen Bevölkerung war kaum mehr denkbar. Wenn überhaupt, dann wäre nur die Erringung der Luftüberlegenheit über dem Operationsgebiet ein Mittel, um den alliierten Landstreitkräften eine beschränkte Handlungsfreiheit zu ermöglichen. Eine Weiterführung des Kampfes nach dieser ersten nuklearen Phase war aus Sicht der Luftwaffe eine Illusion: „Ein general war ist nach ihrer Ansicht in jedem Fall ein mit allen Mitteln geführter atomarer Krieg, und in ihm sind herkömmliche Landoperationen eine Illusion. Ein solcher Krieg kann auch nur kurze Zeit dauern, weil die Überlebenden zum Kriegführen keine Möglichkeit und auch keine Lust mehr haben werden."[192]

Kammhubers deutliche Kritik war durchaus berechtigt. So fundiert die operativen Planungen des Heeres auch gewesen sein mögen, außerhalb der Luftwaffe fehlte es der deutschen Generalität offensichtlich an Wissen über die tatsächlichen Auswirkungen eines Atomkrieges.[193] Selbst innerhalb der Luftwaffe war dieses Wissen beschränkt, denn die NATO limitierte ganz bewusst den Kreis an Offizieren, denen der Umfang der nuklearen Strike-Planung offenbart wurde. Der spätere Inspekteur der Luftwaffe, Johannes Steinhoff, begriff beispielsweise erstmals während einer der jährlichen Hauptzielkonferenzen der ATAFs, was der Ausdruck „General War" faktisch bedeutete, wobei es ihm „zum ersten Mal klar wurde, wie umfänglich das Ganze ist, daß es nicht einige [Ziele] sind, so zehn Stück, sondern Hunderte, Tausende. Daß nicht nur eine Waffe für ein Ziel, sondern fünf Waffen [...] vorgesehen waren."[194] Derlei Planungen für den nuklearen Einsatz veränderten die Ausgangslage für die militärische Führbarkeit eines Atomkrieges drastisch und hätten tatsächlich die Luftwaffe für kurze Zeit zum Hauptakteur der Kriegsperzeption werden lassen.[195] An den Folgen solcher Einsätze für die eigenen Piloten änderte dies allerdings wenig – für sie kamen sie einem Himmelfahrtskommando gleich.[196]

---

[192] Ebd., Blatt 1.
[193] Hier besonders anschaulich: Zur Anwendung der Atomwaffe im Felde, in: Wehrkunde (10) 1954, S. 354-360, hier: S. 355f. u. 358.
[194] Steinhoff/Pommerin: Strategiewechsel, S. 41.
[195] So belief sich laut der Zeitschrift „Soldat und Technik" 1962 allein die Menge der US-Atomwaffen auf rund 40.000. Siehe: Etwa 40 000 Atombomben in Bereitschaft. Sicherste Bürgschaft für Erhaltung des Friedens, in: Soldat und Technik (1) 1962, S. 18.
[196] Steinhoff/Pommerin: Strategiewechsel, S. 42.

d) Positionen der Inspekteure – Kammhuber und Steinhoff

Neben allen institutionellen und militärischen Erfordernissen, die bedingten, dass sich die Kriegsbilder von Luftwaffe und Heer bis 1967 auseinanderbewegten, spielten auch personelle Faktoren eine gewichtige Rolle. Erst um 1970 kam es in der Führungsebene der Bundeswehr zu einem Generationenwechsel. Bis dahin waren die Spitzenstellen mit solchen Offizieren besetzt, die noch vor dem Zweiten Weltkrieg in die Streitkräfte eingetreten und dabei teilweise noch zum Generalstabsoffizier ausgebildet worden waren. Nun rückten Offiziere nach, die erst im Krieg Soldat geworden waren und gegen Kriegsende eher niedere Dienstgrade, maximal bis zum Major erreicht hatten.[197] Auch bei der Luftwaffe schürten die Erfahrungen aus der Zeit zwischen 1933 und 1945 eine gewisse Rivalität mit den anderen Teilstreitkräften. Fundierte wissenschaftliche Studien zu Zusammensetzung und Führungsdenken der ersten Generation von Offizieren der Luftwaffe liegen jedoch nicht vor. Ebenso wenig existieren wissenschaftliche Biografien zu den ersten Inspekteuren der Luftwaffe, Kammhuber, Panitzki und Steinhoff. Ein Blick in deren Lebenslauf lässt jedoch zumindest einige grobe Rückschlüsse auf ihr Verständnis der Rolle der Luftwaffe innerhalb der Bundeswehr zu.

Josef Kammhuber kann zweifelsohne als die zentrale Figur beim Aufbau der Luftwaffe gesehen werden. Zwar trat er erst 1956 in die Bundeswehr ein, deren Ministerium im Juni 1955 etabliert worden war, er hatte jedoch bereits in den Jahren zuvor als externer Berater für Luftkriegsfragen fungiert.[198] Kammhuber hatte beide Weltkriege als Soldat miterlebt und gehörte zum geheimen Luftwaffenstab innerhalb der Reichswehr. Er erhielt bereits 1930 im sowjetischen Lipezk eine Pilotenausbildung, was darauf hinweist, dass er schon zu diesem Zeitpunkt zur Führungsriege für einen zukünftigen Aufbau einer neuen deutschen Luftwaffe vorgesehen war. Im Zuge der Aufrüstung der Wehrmacht nach der Machtübernahme der Nationalsozialisten war Kammhuber dann tatsächlich am Aufbau der Luftwaffe beteiligt. Ihm oblagen Fragen der Streitkräf-

---

[197] Zur Personalthematik der frühen Bundeswehr vgl.: Kutz, Martin: Die verspätete Armee. Entstehungsbedingungen, Gefährdungen und Defizite der Bundeswehr, in: Frank Nägler (Hrsg.). Die Bundeswehr 1955 bis 2005. Rückblenden – Einsichten – Perspektiven, München 2007, S. 63-80; Horn, Elke: Die militärischen Aufbaugenerationen der Bundeswehr. Versuch einer psychohistorischen Problematisierung, in: Helmut R. Hammerich/Rudolf J. Schlaffer (Hrsg.). Militärische Aufbaugenerationen der Bundeswehr 1955 bis 1970, München 2011, S. 439-468 sowie: Loth, Wilfried/Rusinek, Bernd-A.: Verwandlungspolitik: NS-Eliten in der westdeutschen Nachkriegsgesellschaft, Frankfurt a.M. 1998.
[198] Schmidt: Seines Wertes bewusst, S. 373.

teplanung in der Organisationsabteilung des Generalstabes der Luftwaffe.[199] Dies erklärt auch, warum sich das Amt Blank wie auch die alliierten Partner bei der Suche nach einem ersten Inspekteur der Luftwaffe für ihn entschieden. Kammhuber hatte bereits Erfahrung im Aufbau von Luftstreitkräften.

Kammhubers Planungen für die neue deutsche Luftwaffe waren jedoch nicht gerade von Minimalismus geprägt. Bedingt durch seine Aufgaben in den 1930er Jahren und während des Krieges war er es offenbar gewohnt, selbst bei ambitionierten Konzepten von der politischen Führungsebene die Mittel bewilligt zu bekommen, die er für erforderlich hielt, um das gestellte Ziel zu erreichen.[200] Dies äußerte sich vor allem in seinen umfangreichen Planungen für den Aufbau westdeutscher Jagdverbände im Rahmen der NATO-Luftverteidigung.

Zugleich hatte Kammhuber während des Krieges auch eine persönliche Niederlage erlebt. Ab 1940 war er mit dem Aufbau der Nachtjagdverbände der Luftwaffe und der „Kammhuber-Linie" beauftragt, einem Sperrriegel aus Radarstellungen und Jagdverbänden zum Schutz gegen alliierte Bomberangriffe entlang der Nordsee- und Atlantikküste. Als er 1943 jedoch horrende Mittel an Personal, Material und Flugzeugen von der Führung der Wehrmacht verlangte, enthob man ihn seines Postens. Es ist naheliegend anzunehmen, dass Kammhuber diese Niederlage nie vollends überwunden hat, denn letztlich war das Thema Luftverteidigung der inhaltliche Schwerpunkt seiner Arbeit, sowohl in der Wehrmacht als auch in den ersten Jahren der Bundesluftwaffe. Bei seinen massiven Forderungen nach zahlenmäßig großen Jagdeinheiten stand deren Masseneinsatz in der Luftverteidigung im Mittelpunkt. Kammhuber versuchte offenbar den Fehler, der seiner Meinung nach ab 1943 in der Reichsluftwaffe begangen wurde, ein zweites Mal zu vermeiden.[201]

Vor diesem Hintergrund ist auch verständlich, weshalb er seine Konzeptionen vehement gegen politische und innermilitärische Kritik verteidigte. Er tat dies selbst dann noch, als die Realitäten des Luftkrieges seine Vorstellung vom Masseneinsatz von Flugzeugen in der Luftverteidigung längst überholt hatten. Gerade von Seiten des Heeres wollte sich Kammhuber keinerlei Beschränkungen der Budgetierung seiner neuen Luftwaffe auferlegen lassen.[202] Gesamtstreitkräftelösungen und Einrichtungen lehnte er zudem grundsätzlich ab. So ist beispielsweise bekannt, dass Kammhuber sich bis 1957 gegen die Einrichtung der teilstreitkräfteübergreifenden Führungsakademie der Bundeswehr (FüAk) in Hamburg wehrte, weil er fürchtete, dass die dort verfassten Füh-

---

[199] Ebd., S. 362 u. 366.
[200] Ebd., S. 368.
[201] Ebd., S. 374.
[202] BArch, BL 1/1753: Der Inspekteur der Luftwaffe – Stellungnahme zu den Studien der Inspekteure des Heeres und der Marine, Blatt 15f., 1.11.1959.

rungsvorschriften die besonderen Anforderungen von Luftstreitkräften zu wenig berücksichtigten.[203] Zwar musste er sich letztlich dem politischen Druck innerhalb des Ministeriums beugen, doch seine Ablehnung der FüAk ist vor allem deshalb relevant, weil genau diese Einrichtung ab 1961 mit der Erstellung der LDv 100/1, also der grundlegenden Führungsvorschrift der Luftwaffe, betraut war.[204]

Auch *Johannes Steinhoff*, der im September 1966 als Inspekteur die Führung der Luftwaffe übernahm, lehnte Gesamtstreitkräfteeinrichtungen auf der Führungsebene der Bundeswehr ab.[205] Der SPIEGEL berichtete 1970, er habe beabsichtigt, die Generalstabsausbildung von Luftwaffenoffizieren in einer allein der Luftwaffe unterstellten Einrichtung durchführen zu lassen. Außerdem habe Steinhoff auch versucht, ein eigenständiges Luftwaffenkommando zu etablieren, welches in der Lage gewesen wäre, die Luftwaffe unabhängig von der Führungsebene des Verteidigungsministeriums zu leiten. Beide Projekte wurden jedoch vom Generalinspekteur der Bundeswehr, General Ulrich de Maizière, gestoppt.[206]

Dennoch waren weder Kammhuber noch Steinhoff Ewiggestrige, die im Atom- und Jetzeitalter den Luftkriegskonzepten des Zweiten Weltkrieges nachhingen. Kammhuber bewies beispielsweise gerade in strategischen Fragen einen erstaunlichen Weitblick und erkannte, dass nur die schnelle Adaption neuester Waffen, Techniken und Konzepte für eine modern aufgestellte Luftwaffe erfolgversprechend war. In der Antizipation des modernen Kriegsbildes war Kammhuber den Taktikern und Operateuren des Heeres schlicht einen Schritt voraus.

Einer grundlegenden Einschränkung unterlagen jedoch alle Spitzengenerale der Bundeswehr. Ihr Spielraum bei der Erarbeitung eigenständiger militärischer Planungen und Konzepte war durch die Bündnisstrukturen und gemeinsamen Verteidigungsplanungen stark beschränkt. Für die Luftwaffe galt dies umso mehr. Kammhuber oder Steinhoff konnten zwar in Studien und Planübungen endlose Überlegungen zu ihrem ganz persönlichen Umgang mit dem Szenario eines möglichen Krieges zwischen NATO und Warschauer Vertrag

---

[203] Siehe: Bundeswehrspitze: ZMilDBw, in: Der SPIEGEL (14) 1970, S. 30-32, hier: S. 31.
[204] Zur Debatte um die FüAk siehe: Aufgaben und Bedeutung der Führungsakademie der Bundeswehr. Gedanken anläßlich des 10jährigen Bestehens, in: Wehrkunde (1) 1967, S. 2-7.
[205] Zu Steinhoffs Bild der Luftwaffe siehe: Die Luftwaffe. Technik und Taktik, in Wehrkunde (5) 1968, S. 230-238.
[206] Bundeswehrspitze: ZMilDBw, in: Der SPIEGEL (14) 1970, S. 30-32, hier: S. 31.

anstellen. Aber ohne die Rückendeckung der bundesdeutschen Politik und vor allem des Bündnisses ließ sich kaum etwas davon in der Bundeswehr umsetzen. An dieser Stelle sollte deshalb auch nicht vergessen werden, dass ein zu starkes Opponieren gegen Strategien und Einsatzvorschriften der NATO auch der eigenen militärischen Karriere kaum zuträglich war. Ein Umstand, der vor allem für all jene Generäle der Luftwaffe von Belang war, die auf eine Verwendung über den Posten des Inspekteurs hinaus spekulierten.[207]

e) *Verweigerung gegenüber dem NATO-Strategiewechsel*

Der ab 1961 in den USA unübersehbar eintretende und 1967 von der NATO übernommene Strategiewandel und die damit einhergehende Flexibilisierung des Krieges wies der Luftwaffe wieder mehr Unterstützung für das Heer im Rahmen der konventionellen Luftkriegführung zu. Während sie im Rahmen eines großflächigen „General War" mit ihren offensiven Einsatzverbänden noch relativ selbstständig operieren konnte, musste sie in den nun zu erwartenden „Limited Aggressions"[208] wieder vermehrt Heeresunterstützung leisten. Nicht nur politisch wurde die neue strategische Linie der NATO, gerade in den europäischen Bündnisnationen, zuerst abgelehnt. Auch die deutsche Luftwaffe verweigerte sich diesem Konzept im Rahmen ihrer Möglichkeiten. Der Führungsstab der Luftwaffe und ihr Inspekteur sahen erneut einen Punkt gekommen, an dem sie sich scheinbar vollends Heeresanforderungen unterzuordnen hatten. Das Schreckgespenst der „Heeresluftwaffe" zog erneut auf.

Dies beeinträchtigte nicht nur die Selbstwahrnehmung der Luftwaffe, es limitierte insbesondere ihre bis dato recht großzügige finanzielle Ausstattung. Der Luftwaffenführung spielte dabei anfänglich allerdings in die Karten, dass sich die NATO bis 1967 nicht dazu durchringen konnte, die neue strategische Ausrichtung der USA zu übernehmen. Zwar kamen bereits frühzeitig Forderungen auf, die Luftwaffe möge doch vermehrt Kapazitäten zur Unterstützung von Bodentruppen und Gefechtsfeldaufklärung bereitstellen, doch die Luftwaf-

---

[207] Sowohl Kammhuber als auch Steinhoff wurden für den Posten des Generalinspekteurs der Bundeswehr gehandelt. Kammhuber wurde jedoch 1962 im Zuge der „Bier-Order 61" Affäre vorzeitig in den Ruhestand versetzt. Zuvor erhielt er jedoch noch die Beförderung zum Vier-Sterne-General, was für den Inspekteur einer Teilstreitkraft eher unüblich war. Johannes Steinhoff wurde hingegen 1970 Vorsitzender des NATO-Militärausschusses. Siehe: Strauss-Krise: Nachts um halb eins, in: Der SPIEGEL (30) 1962, S. 15-20, hier: S. 16 sowie: Möllers: Ein unbequemer Mann, S. 166.
[208] Synonym mit „locale hostile Aggressions" verwendete Bezeichnung für politisch und geografisch eingeschränkte Offensiven des Gegners.

fenführung nahm sich beispielsweise 1964 die Freiheit, die vom Führungsstab der Bundeswehr als dem Arbeitsmuskel im Stab des Generalinspekteurs vorgegebene „Aufstellungsplanung der Luftwaffe [bis] 1970" zu kritisieren. Diese sah unter anderem vor, dass die Luftwaffe einen Teil ihrer für Nukleareinsätze reservierten Jagdbomber-Verbände auch zur konventionellen Heeresunterstützung freigab. Aus Sicht der Luftwaffe galten aber bis auf weiteres die MC 14/2 sowie die Aufstellungsziele der MC 70 und damit die Strategie der Massiven Vergeltung mit allen ihren Bedingungen.

Die für die Flexibilisierung zentrale neue Bedrohungsstudie MC 100/1 sei solange nicht zu berücksichtigen, wie sie von der NATO nicht beschlossen würde. „Demnach ist für die deutsche Luftwaffe Schwerpunkt die Aufstellung der geforderten Strike-Verbände F-104G."[209] Mit anderen Worten: Solange die NATO nicht eindeutig beschloss, dass neue, konventionelle Kapazitäten für die Streitkräfte aller Bündnisnationen zu schaffen seien, hielt die Luftwaffe am bisherigen Konzept fest, das ihr ihre materielle Ausstattung und ihren militärischen Einfluss sicherte.[210]

Zudem maßregelte der Führungsstab der Luftwaffe im selben Dokument den Führungsstab der Bundeswehr und unterschwellig auch die politische Leitung des Verteidigungsministeriums: „Fü L ist der Auffassung, daß nur die NATO und [...] der SACEUR, die für die Erfüllung der gegebenen militärischen Aufträge benötigten Streitkräfte nach Zahl und Einsatzverwendung festlegen können. Die nationalen Planungen sollten diesen Forderungen soweit wie möglich entsprechen und vor allem hinsichtlich der Einsatzverwendung (Rolle) keine eigenen Wege gehen."[211]

Es war nicht nur reiner Waffenstolz, der die Luftwaffe zur Ablehnung der Flexible Response veranlasste, sondern in erster Linie ihre zu einseitigen Beschaffungsprogramme. Zu dieser Zeit waren zahlreiche fliegende Kampfverbände in großem Umfang mit modernen F-104 Starfightern ausgerüstet und auch moderne Pershing Boden-Boden Flugkörper waren der Luftwaffe unterstellt worden. Ihre gesamte Ausrüstung war damit um 1960 aber überproportional auf die nukleare Abschreckung hin ausgerichtet. Als nun Mitte der 1960er Jahre diese Waffensysteme[212] in der Truppe angekommen waren, plagten sie eine ganze Reihe technischer Schwierigkeiten. Die bis heute bekannte Starfigh-

---

[209] BArch, BL 1/1822: Fü L: Aufstellungsplanung der Luftwaffe 1970, S. 2, 7.3.1964.
[210] Ähnlich auch die Aussagen von Inspekteur Panitzki. Siehe: Die Aufgaben der deutschen Luftwaffe, in: Wehrkunde (12) 1962, S. 680.
[211] BArch, BL 1/1822: Fü L: Aufstellungsplanung der Luftwaffe 1970, S. 4, 7.3.1964.
[212] Zusammen mit den ebenfalls neu eingeführten Jagdbombern vom Typ Fiat G.91, den Flugabwehrraketen NIKE und HAWK oder den Transportflugzeugen vom Typ Transall.

ter-Krise kann als deutlichstes Symptom dieser Probleme gesehen werden; die Ursachen lagen dabei aber nicht allein am Gerät, sondern am System Luftwaffe. Faktisch fehlte es ihr nicht nur an allen Enden an Ausrüstung, Personal und Infrastruktur, um eine flexiblere Strategie überhaupt umsetzen zu können. – Ihre Gesamtorganisation war auf eine neue Strategie gar nicht vorbereitet, sie war keineswegs eine konsolidierte Streitmacht. –

Insbesondere der gravierende Mangel an Fachkräften verschärfte die Situation erheblich. Allein mit der Umschulung von Soldaten ließ sich die Anpassung an die Flexible Response nicht bewältigen. Das neue Kriegsszenario erforderte die Fähigkeit zur konventionellen Kriegführung und gleichzeitig die Beibehaltung der atomaren Einsatzfähigkeiten. Für die Luftwaffe bedeutete dies also entweder einen drastischen Zuwachs an Personal oder eine erhebliche Mehrbelastung der bereits vorhandenen Soldaten – sowohl der Piloten als auch der Techniker und Warte.[213] Ersteres war allerdings unter den Bedingungen eines anhaltenden Mangels an Freiwilligen utopisch, also blieb nur die zweite Lösung. Unter derartigen Umständen eine aufwändige Umwandlung hin zu einem flexibleren Kriegseinsatz durchzuführen, war aus Sicht der Luftwaffenführung schlicht unverantwortlich. Alles in allem brachte eine 1965 fertiggestellte Studie zu Zustand und Flexibilisierungsmöglichkeiten der Luftwaffe die Lage auf den Punkt: „Die Aufstellung der Luftwaffe ist von dem Unvermögen gekennzeichnet, die ursprünglichen Ziele zu realisieren und von der Schwierigkeit, die divergierenden Tendenzen verschiedener NATO-Dokumente mit der Aufstellungsplanung in Einklang zu bringen."[214] Die Studie kam zu dem Schluss: „Die deutsche Luftwaffe hat ihren Friedensauftrag […][der] von ausschlaggebender Bedeutung ist und damit die Voraussetzung für die Abschreckung des Gegners schafft, in wesentlichen Punkten nicht erfüllt."[215]

---

[213] BArch, BL 1/1633: Fü L III 1: Führungs- und Einsatzgrundsätze für die Waffensysteme F-104G und G.91 (Entwürfe), S. 7, 18.4.1968.
[214] BArch, BL 1/3508: Fü L III: Untersuchung der Grundlagen für die Konzeption der Luftwaffe, S. 16, 22.10.1965.
[215] Ebd., S. 80.

2. Luftangriff

Die Fähigkeit, durch den Einsatz von Luftfahrzeugen kriegswichtige Ziele weit hinter der Frontlinie angreifen zu können, war mit dem Aufkommen des Luftkrieges eine radikale Neuerung. Der direkte Angriff auf politische, industrielle oder auch Bevölkerungszentren ließ Luftstreitkräften eine besondere Rolle unter den Teilstreitkräften zukommen – letzteres Angriffsziel fällt allerdings selbstverständlich in den Bereich von Kriegsverbrechen.[216] Ohne den Stellenwert anderer Einsatzarten gering schätzen zu wollen, Luftangriff und Luftverteidigung stellen seit jeher die Kernaufgaben von Luftstreitkräften dar.

Mittlerweile wird allerdings unter dem Begriff „Luftmacht" zunehmend die „Projektion aller militärischen Fähigkeiten, mit denen auf das Kräftepotenzial des Gegners […] gewirkt werden kann" verstanden.[217] Der Wert des klassischen Waffeneinsatzes aus der Luft wurde in modernen Konfliktszenarien also deutlich relativiert. Dieses moderne Verständnis von Luftmacht bezieht sich aber in erster Linie auf ihre Anwendung in asymmetrischen Kriegen. Konflikte, wie der Krieg in Afghanistan, der Dritte Golfkrieg oder der seit 2011 andauernde Bürgerkrieg in Syrien, haben in westlichen Luftstreitkräften zu einer Verschiebung der Prioritäten bei den Einsatzarten geführt. In derlei Konflikten haben Lufttransport[218] und Luftaufklärung mittlerweile deutlich mehr Gewicht erhalten als in Zeiten des Kalten Krieges.[219]

Im Zeitalter der Blockkonfrontation hingegen war die Durchführung massiver Luftangriffe noch ein zentrales Aufgabenfeld von Luftstreitkräften. Diese Fähigkeit, in Verbindung mit der nuklearen Bewaffnung von Flugzeugen, hob die Vernichtungswirkung von Streitkräften auf ein bisher ungeahntes Niveau. Gleichzeitig garantierte sie aber auch das „Gleichgewicht des Schreckens" beziehungsweise die „mutually assured destruction"[220], welche in letzter Konsequenz einen tatsächlichen Atomkrieg zwischen NATO und Warschauer Vertrag verhinderte.

---

[216] Dies allerspätestens seit 1977 mit der Verabschiedung des Artikels 51. „Schutz der Zivilbevölkerung" im ersten Zusatzprotokoll zur Genver Konvention, http://www.admin.ch/opc/de/classified-compilation/19770112/index.html (Stand: 30.9.2016).
[217] Bundeswehr: LDv 100/1, Art. 201, 2009.
[218] Zum Stellenwert der Lufttransportverbände der Luftwaffe um 1970. Siehe: Lufttransport, in: Loyal (2) 1970, S. 22-24.
[219] Bundeswehr: Luftwaffe der Zukunft (Teil 1), 1.7.2011, http://www.luftwaffe.de/portal/a/luftwaffe/start/archivneu/2011/jul (Stand: 25.11.2016).
[220] Siehe hierzu: Entstörung des Gleichgewichts, in: Loyal (3) 1970, S. 2-5, hier: S. 2f.

Die internationale Literatur zur Luftkriegsgeschichte neigt dazu, sich dem Thema Luftangriff vor allem auf der Ebene des strategischen Luftkrieges zu nähern.[221] Dabei kann beim Leser schnell der Eindruck aufkommen, dass nennenswerte Luftangriffsoperationen in der Zeit der Blockkonfrontation lediglich „Supermächten" wie den USA, der Sowjetunion, China und in bescheidenerem Umfang Großbritannien oder Frankreich möglich gewesen seien. Der folgende Abschnitt soll aber zeigen, dass gerade auf dem europäischen Kontinent der taktische Luftangriff das bestimmende Element des Luftkrieges war.[222] Einer seiner wichtigsten Träger aufseiten der NATO war die deutsche Luftwaffe.

a) *Mittel und Aufgaben der offensiven Kampfverbände*

Im Betrachtungszeitraum dieser Arbeit besaß die Luftwaffe für den Luftangriff drei unterschiedliche Mittel:

Erstens, die klassischen Jagdbomber-Geschwader (JaboG), welche ab 1956 zuerst mit US-amerikanischen Republic F-84F Thunderstreak Jagdbombern und ab 1961 mit Lockheed F-104G Starfightern ausgerüstet wurden. Diese Verbände waren grundsätzlich in der Lage, sowohl konventionelle als auch nukleare Angriffe durchzuführen. Bei insgesamt vier Geschwadern bestand ihre Aufgabe ab 1958 primär aus dem nuklearen Strike, also dem vorgeplanten Angriff auf klar festgelegte Ziele, direkt nach dem Beginn von Kampfhandlungen mit dem Warschauer Vertrag. Diese Einsätze waren grundsätzlich im Rahmen der Einsatzplanung der ATAFs in Mitteleuropa durchzuführen, denen die deutschen Jabo-Verbände im Friedens- und Kriegsfall unterstellt (assigniert) waren.[223] Diese Strike-Einsätze wurden von der obersten militärischen Führungsebene der Allianz in Europa, dem NATO-Hauptquartier SHAPE im französischen Rocquencourt, beziehungsweise ab 1967 im belgischen Mons, im SACEUR-Strike-Plan direkt angeordnet. Anschließend sollten sie durch die alliierten Luftflotten koordiniert und durch deren assignierte Verbände ausgeführt werden.

---

[221] Vgl. hier vor allem Werke der angloamerikanischen Luftkriegstheorie, insbesondere des Royal Air Force Centre for Airpower Studies und der School of Advanced Airpower Studies der US-Luftwaffe wie beispielsweise: Meilinger: The Paths of Heaven.

[222] Siehe: Die taktische Luftwaffe, in: Wehrkunde (12) 1956, S. 605-612.

[223] Da die Ziellisten der ATAFs und somit auch der deutschen Jabo-Verbände bis auf absehbare Zeit unter Verschluss liegen, lässt sich der räumliche Umfang der Strike-Einsätze nur vage beziffern. Ziele für die deutschen F-104-Verbände dürften mit Masse in der DDR, Polen, Tschechoslowakei und der westlichen Sowjetunion gelegen haben. Vgl.: Lemke: Konzeption und Aufbau der Luftwaffe, S. 208-211 u. S. 233.

Die Ziele dieser Einsätze konnten vielfältig sein. Sollten sie das Gefechtsfeld abriegeln und so das Nachrücken von Bodentruppen des Warschauer Vertrages hemmen, richteten sie sich vor allem gegen dessen militärische oder zivile Infrastruktur sowie gegen Verkehrsknotenpunkte, Truppen auf dem Marsch und in der Bereitstellung und gegen Schlüsselziele im gegnerischen Hinterland.

Zweitens waren Flugplätze und Infrastruktur der gegnerischen Luftstreitkräfte ein vorrangiges Ziel von Luftangriffen (Counter Air). Das Ziel dieser Einsatzart bestand darin, gegnerische Luftstreitkräfte so früh wie möglich noch auf ihren Basen zu vernichten. Counter-Air-Einsätze waren somit eine Mischung aus Luftangriff und Luftverteidigung.[224]

Die dritte Einsatzart der Jagdbomber-Verbände war die direkte Luftnahunterstützung der Landstreitkräfte (Close Air Support). Sie gehörte aus Sicht der Luftwaffe bis Mitte der 1960er Jahre nicht zu deren Kernaufgaben.

Für die konventionelle Luftnahunterstützung des Heeres an der Front war die *zweite* Luftangriffskomponente der Luftwaffe vorgesehen, die leichten Kampfgeschwader (leKG).[225] Sie waren mit der als leichtem Jagdbomber und Aufklärer genutzten Fiat G.91 ausgerüstet. Das Flugzeug war verhältnismäßig klein und kostengünstig, sein großer Vorteil bestand in seiner einfachen Wartung. Außerdem sollte die G.91 die Fähigkeit besitzen, von unbefestigten Pisten aus operieren zu können.[226] Die leichten Kampfgeschwader, die im NATO-Sprachgebrauch auch als „Light-Weight-Strike-and-Reconnaissance" Verbände (LWSR) bekannt waren, übernahmen quasi die Rolle der früher geforderten „Heeresluftwaffe" innerhalb der eigentlichen Luftwaffe.[227] Zwar lag der operative Befehl über diese Verbände ebenfalls bei der NATO und auch sie waren deren Luftflotten unterstellt, im Einsatz waren sie aber auf eine enge Verbindung mit den jeweiligen Heeresverbänden angewiesen. Anders als es ihre englische Bezeichnung allerdings nahelegt, waren die leichten Kampfgeschwader keinesfalls zum Einsatz nuklearer Waffen vorgesehen. Ursprünglich war dies zwar geplant, doch wegen technischer Defizite der G.91 ließ sich das Vorhaben nicht umsetzen.[228] Ohnehin hätten sich nuklear durchgeführte Counter-Air-Einsätze auf Grund der räumlichen Nähe der bekämpften Gegner zu den eige-

---

[224] Deshalb wird die Operationsart erst im folgenden Kapitel näher betrachtet.
[225] Sie entstanden ab 1966 aus zuvor regulären Jabo- bzw. Aufklärungsgeschwadern. Siehe: Rebhan: Aufbau und Organisation der Luftwaffe 1955 bis 1971, S. 616-618 sowie: Jetzt „leichte Kampfgeschwader", in: Wehrkunde (2) 1966, S. 102.
[226] Siehe: Fiat G 91. Das kommende leichte Erdkampfflugzeug, in: Soldat und Technik (7) 1958, S. 319-322.
[227] Siehe: Das Flugzeug für den Erdkampfeinsatz, in: Wehrkunde (4) 1960, S. 199-203.
[228] BArch, BL 1/3508: Fü L III: Untersuchung der Grundlagen für die Konzeption der Luftwaffe, S. 45f., 22.10.1965.

nen Bodentruppen als fatal erwiesen. Folglich übernahmen die leichten Kampfgeschwader auch einen wesentlichen Teil der taktischen Gefechtsfeldaufklärung für die Heeresverbände. Dazu war jede G.91 mit bis zu drei Kameras ausgerüstet. Die Maschinen konnten daher ohne größere Umrüstzeiten sowohl aufklären als auch Angriffe fliegen.

Der *dritte* Teil der Luftangriffsverbände der Luftwaffe bestand aus den ab 1963 aufgestellten Flugkörpergeschwadern, die mit atomar bewaffneten ballistischen Raketen vom Typ Pershing I ausgerüstet wurden.[229] Vom Einsatzprofil her unterschieden sich diese Verbände kaum von den ebenfalls für den Strike vorgesehenen F-104-Jabo-Geschwadern. Auch die Flugkörperverbände sollten im Falle eines Atomkrieges Interdiction- und Counter-Air-Ziele mit ihren ballistischen Raketen angreifen.[230] Im Gegensatz zu Kampfflugzeugen waren sie aber nicht auf verwundbare Flugplätze angewiesen und konnten schnell verlegt werden. So sicherten sie der NATO einen Teil der atomaren Schlagfähigkeit auf taktischer Ebene, selbst nach der Zerstörung sämtlicher westdeutscher Flugplätze. Denn die Pershing I konnte, zumindest theoretisch, von jeder geeigneten Waldlichtung oder jedem Hinterhof abgefeuert werden.[231]

b) Das Erbe der Reichsluftwaffe –
Definitionsprobleme und operativer Luftkrieg

Als die Luftwaffe ab 1956 aufgestellt wurde, war der Aufbau strategischer Luftstreitkräfte in der Bundeswehr kein Thema. Die Bundesregierung hatte sich spätestens mit der Unterzeichnung des EVG-Vertrages 1952 völlig darauf beschränkt, lediglich Luftstreitkräfte als Beitrag zu den taktischen Luftflotten der NATO in Mitteleuropa zu unterhalten. Kernelemente des deutschen Anteils sollten, gemäß den ersten Aufstellungskonzepten, zehn Jagdbomber-Geschwader und insgesamt 1.326 Flugzeuge sein. Damit hätte die Bundesrepublik rund 26% der 5.000 Flugzeuge umfassenden EVG-Luftstreitkräfte gestellt.[232]

---

[229] Bereits ab 1958 existierte die Flugkörpergruppe 11 mit Matador Marschflugkörpern. Der Verband besaß jedoch nur Ausbildungscharakter. Rebhan: Aufbau und Organisation der Luftwaffe, S. 619f.
[230] Lemke: Konzeption und Aufbau der Luftwaffe, S. 242.
[231] Siehe: Das Waffensystem PERSHING. Einfach, beweglich, treffsicher, zuverlässig/Ein Rekord der Waffenentwicklung, in: Soldat und Technik (5) 1962, S. 253-256.
[232] BArch, BW 9/1444: Abteilung Luftstreitkräfte/Paris: Rede Oberst i.G. a.D. Richard Heuser, S. 1, 27.1.1954.

Die Aufstellung von ballistischen Raketenverbänden war anfänglich als zusätzliche Möglichkeit ins Auge gefasst, dann aber zurückgestellt worden. Zunächst blieb zu klären, welcher Teilstreitkraft der jungen Bundeswehr solche Flugkörperverbände überhaupt zugeordnet werden sollten. Als dann 1957 die Aufstellung der ersten Flugkörpergeschwader in der Bundeswehr beschlossen wurde, erhoben, wie nicht anders zu erwarten war, sowohl Heer als auch Luftwaffe Anspruch auf diese.[233]

Gleichwohl erhielt die Luftwaffe nicht automatisch mit ihrer Aufstellung auch schon eine Fähigkeitskomponente zum Einsatz taktischer Nuklearwaffen.[234] Diese wurde erst ab 1958 mit der schrittweisen Einführung neuer US-amerikanischer Atombomben für den taktischen Einsatz geschaffen. Diese Tatsache ist wichtig für die Entwicklung des doktrinären Denkens beziehungsweise der Einsatzkonzeptionen der Luftwaffe. Da frühe Planungen für den Einsatz der Angriffsverbände die Möglichkeit zum atomaren Einsatz noch gar nicht in Erwägung zogen, lehnte sich die Luftwaffe hier klar an ihre Vorgängerorganisation aus Kriegszeiten an. Die frühen Einsatzvorschriften orientierten sich im Bereich von Luftangriffshandlungen noch stark an Konzepten, wie sie während des Krieges von der Luftwaffe durchgeführt wurden. In ihrem Mittelpunkt stand die konventionelle Bekämpfung gegnerischer Bodentruppen, möglichst schon auf dem Weg zum Kampfgebiet im Rahmen der Gefechtsfeldabriegelung.[235] Die Luftnahunterstützung eigener Truppen im Frontbereich war zwar technisch machbar und militärisch notwendig. Da diese Einsatzart aber ein hohes Verlustrisiko mit sich brachte, wies die Abteilung Luftwaffe gegenüber dem Heer regelmäßig auf Folgendes hin: „Für den Einsatz auf dem Gefechtsfeld dürfen Anforderungen von Luftunterstützung nur gegen solche Ziele erfolgen, die durch die Waffen des Heeres (Artillerie) *nicht erfolgreich bekämpft werden können* [Hervorhebung im Original]"[236].

Zu Luftangriffsoperationen im rückwärtigen Operationsgebiet des Gegners war die Luftwaffe aber durchaus bereit. Aufgaben wären dann beispielsweise die Bekämpfung von Flugplätzen oder militärischer Infrastruktur im gegnerischen Hinterland gewesen.

---

[233] Siehe: Raketen-Bewaffnung: Vom Schild zum Schwert, in: Der SPIEGEL, (46) 1957, S. 13f, hier: S. 14.
[234] Vgl. u.a.: Kommando Luftwaffe: Chronik Führungsstab der Luftwaffe, S. 52.
[235] Vgl.: Wehrmacht: L.Dv. 16 – Luftkriegführung, S. 10 u. BArch, BL 1/2: Rede des General Kammhuber vor den Stabsoffizieren des Lehrgangs II Gesamtstreitkräfte in Sonthofen, S. 5, August 1956.
[236] BArch, BW 9/2440-1: II/Pl/L an Leiter II über Leiter II/Pl, Blatt. 39, 15.10.1954.

Bis der Luftkrieg in der Luftwaffe also auch atomar „gedacht" wurde, waren die Führungsvorschriften und auch das doktrinäre Denken der Luftwaffenführung noch nicht amerikanisiert.[237] Bei der Perzeption konventioneller Angriffshandlungen stand stattdessen, wohl auch mangels Alternativen, nicht selten die alte L.Dv. 16 der Luftwaffe der Wehrmacht Pate. Und genau hier lag ein grundlegendes, typisch deutsches Begriffsproblem: Die Fähigkeit zu einem Einsatz, der über den rein taktischen Bereich – das Gefechtsfeld – hinausging, firmierte im Amt Blank und dem Verteidigungsministerium weiterhin unter dem Begriff des „operativen Luftkrieges". Rein materiell besaß die Luftwaffe bei der Aufstellung tatsächlich mit der F-84 einen Jagdbomber, dessen Einsatz deutlich über das durchschnittlich etwa 200 km von den Flugplätzen dieser Geschwader entfernte Frontgebiet hinausreichen konnte.[238] Aus Sicht ehemaliger Wehrmachtsoffiziere im Amt Blank war damit also auch die neue Luftwaffe zu einem „operativen" Einsatz ihrer Verbände in der Lage.

Der Begriff und seine mangelhafte Abgrenzung wurden aber innerhalb des Amts und späteren Verteidigungsministeriums zum Politikum. Denn im Rahmen des Machtgeplänkels zwischen Heer und Luftwaffe Mitte der 1950er Jahre nutzten beide Seiten das Wort „operativ" im jeweils eigenen Sinne. Heeresoffiziere argumentierten damit, dass die Luftwaffe, wenn sie denn schon einen „operativen" Charakter besäße, auch ähnlich wie ihre Vorgängerorganisation vor allem zur taktischen Heeresunterstützung einzusetzen sei.[239] Vertreter der Luftwaffe hingegen verwiesen darauf, dass im „operativen" Einsatz der Luftstreitkräfte gerade der Grund lag, sich nicht eng an die Heeresverbände ketten zu lassen. Denn die Hauptaufgabe der Luftwaffe sei, neben der Luftverteidigung, die Durchführung von Abriegelungsoperationen (Air Interdiction), welche weit über das eigentliche Gefechtsfeld hinausgingen. Diese seien selbstständig durch die Luftwaffe zu planen und durchzuführen. Damit lehnte man sich deutlich an die Auslegung des Begriffes des operativen Luftkrieges aus Zeiten des Zweiten Weltkrieges an.[240]

Völlig verkompliziert wurde die Lage auch dadurch, dass auf NATO-Ebene und in der angloamerikanischen Luftkriegstheorie der Begriff „operativ" völlig fehlte. Das, was man in der deutschen Luftwaffe hierunter verstand, firmierte in der USAF oder der RAF lediglich unter „Tactical Air War".[241] Folg-

---

[237] Lemke: Konzeption und Aufbau der Luftwaffe, S. 158f.
[238] Der Kampfradius der Maschine als Jagdbomber betrug 1.380 km. Wache: Republik F-84F Thunderstreak, S. 16.
[239] BARch, BW 9/2440-1: II/Pl/L an Leiter II über Leiter II/Pl, Blatt. 37, 15.10.1954.
[240] Boog: Führungsdenken, S. 189f.
[241] Korkisch, Friedrich W.: Luftkrieg „neu": Mehr Evolution als Revolution (Teil 2), in: Österreichische militärische Zeitung (ÖMZ) (3) 2014, (Download) https://www.oemz-online.at/pages/viewpage.action?pageId=10357646 (Stand: 4.5.2017), S. 35-49, hier: S. 35.

lich kam es auch auf Ebene der NATO immer wieder zu Verständnisproblemen, wenn deutsche Luftwaffenvertreter ihren alliierten Kameraden zu erklären versuchten, wo denn jetzt der genaue Unterschied zwischen deren „taktisch" und dem deutschen „operativ" bestehe.

Zwar war eine eindeutige Begriffsdefinition gerade im Kontext der Erstellung von Führungsvorschriften ein wichtiges Thema, aber im Umfeld eines drohenden Nuklearkrieges verschwammen allerorts die Trennlinien klassischer militärischer Termini. Die politische Brisanz des Einsatzes von Atomwaffen weichte die bisher bekannten Begriffe strategisch, operativ und taktisch vollends auf. Dies lässt sich gut daran verdeutlichen, dass man um 1960 selbst auf der obersten Ebene der NATO zunehmend Schwierigkeiten in der Begriffsfindung hatte.

Zuerst einmal wurde die klare Definition des Schwert-Schild-Konzepts der eigenen Strategie immer schwieriger. Auf der strategischen Ebene stellten die Luftangriffsverbände der Luftwaffe beispielsweise eindeutig einen Teil des Schildes dar. Sie sollten dazu beitragen, die angreifenden Truppen des Warschauer Vertrages möglichst lange abzuwehren, bis der Gegenschlag durch die US-amerikanischen und britischen Nuklearverbände angelaufen war. Doch seitdem auch die taktischen Luftwaffenverbände der NATO nuklear bewaffnet wurden, drehte sich deren Rolle auf einer rein taktischen Betrachtungsebene um. Insbesondere die Pershing- und F-104-Verbände wirkten nun plötzlich eher als Teil des nuklearen Schwerts der Allianz und weniger als Element des Schildes. Der atomare Einsatz eines F-104-Jagdbombers gegen einen sowjetischen Frontflugplatz beispielsweise, selbst wenn er rein militärisch im taktischen Bereich stattfand, konnte zu einer weiteren Eskalation eines Krieges führen. Der Einsatz kleinerer taktischer Atomwaffen, selbst jener der Heeresartillerie, hätte drastische strategische Folgen nach sich gezogen. Eine zuverlässige Trennung zwischen „strategisch" und „taktisch" wurde für Luftwaffensoldaten – und nicht nur für diese – immer schwieriger.[242] Die deutsche Eigenheit, zusätzlich auf den „operativen" Einsatz der eigenen Luftstreitkräfte zu verweisen, half da nicht sonderlich weiter.

Es spricht für sich, dass der Begriff des „operativen" Luftkrieges bis heute nicht aus dem Vokabular der deutschen Luftwaffe verschwunden ist.[243]

---

[242] So antwortete SACEUR Norstad 1960 auf die Frage, was angesichts der enormen politischen Auswirkungen des Atomwaffeneinsatzes denn nun der Unterschied zwischen Taktik und Strategie sei: „Wenn ein Eimer Milch umgestoßen wird, das ist taktisch, wenn aber die Kuh erschossen wird, dann ist es strategisch." Siehe: Strategie: Ein Eimer Milch, in: Der SPIEGEL (51) 1960, S. 69-72, hier: S. 72.

[243] Auf seine problematische Verwendung ist jedoch in der Vergangenheit immer wieder hingewiesen worden. Siehe: Operativer Luftkrieg. Eine Wortbildung zur Bezeichnung unterschiedlicher Vorstellungen, in: Wehrkunde (5) 1967, S. 265-269.

Er spiegelt vor allem eine historisch und geografisch begründete, beschränkte Kriegsperzeption deutscher Luftstreitkräfte wider. Was einem deutschen Luftwaffenoffizier während des Zweiten Weltkrieges wie eine weitreichende und ausgedehnte Luftangriffsoperation vorkommen musste, war für seinen US-amerikanischen Gegner in Relation meist nur ein größerer taktischer Einsatz. So zeigt dieser einzelne Begriff auch deutlich die Unterschiede der militärischen Weltsicht zwischen Regional- und Globalmächten auf.

Einer der Gründe für diesen Umstand lag laut Horst Boog in der mangelhaften Generalstabsausbildung der Luftwaffe während des Zweiten Weltkrieges. Wegen der Dominanz des Heeres in der Wehrmacht und dem Zwang zur schnellen Ausbildung von Offizieren wurde an der Luftkriegsakademie in Berlin-Gatow faktisch kein strategischer Unterricht des Führungsnachwuchses betrieben. Somit fehlte einer ganzen Generation von jüngeren Luftwaffenoffizieren während und nach dem Krieg jegliches Grundverständnis für die strategischen Anforderungen und Auswirkungen des Luftkrieges.[244] Die Situation lag auch darin begründet, dass ein Großteil der Luftwaffengenerale des Zweiten Weltkrieges noch die Heeresgeneralstabsausbildung genossen hatte.

Dass sich hingegen im Bereich der konventionellen Angriffsoperationen aus Sicht der Abteilung VI im Amt Blank seit dem Zweiten Weltkrieg nicht viel getan hatte, wird auch dadurch deutlich, dass dieses Thema in den erhaltenen Dokumenten der Abteilung beziehungsweise dem späteren Führungsstab der Luftwaffe eher selten eine Rolle spielte. Gerade zwischen 1952 und 1958 stand in den taktischen Überlegungen der Luftwaffenführung viel eher die Frage nach der Bedeutung der Luftverteidigung über dem Bundesgebiet im Mittelpunkt. Erst mit der Nuklearisierung der Jagdbomber-Verbände und vor allem der Beschaffung neuer Kampfflugzeuge für die Strike-Rolle innerhalb der NATO rückte das Thema wieder aufs Tableau. Die Frage nach Art und Umfang des Luftangriffes sollte aus Sicht der Luftwaffe eine der dominierenden der 1960er Jahre werden.

c) Der nukleare Strike

Die MC 14/2 brachte 1957 den Kerngedanken der sicherheitspolitischen Strategie der Allianz auf den Punkt: „The main principle is common action […] in deterring war and in defense against armed attack should the deterrent fail."[245]

---

[244] Boog: Führungsdenken, S. 186.
[245] NATO: NATO: MC 14/2 (Final Decision) Overall strategic Concept for the Defense of the North Atlantic Treaty Organisation Area, Art. 5, 23.5.1957.

Diese Abschreckung musste jedoch auf allen militärischen Ebenen stattfinden, sie konnte sich nicht nur auf den Bereich der strategischen Nuklearverbände der USA und Großbritanniens stützen. Deshalb sollten frühzeitig, d.h. ab Ende der 1950er Jahre auch im taktischen Bereich, Atomwaffen jederzeit die Gefahr einer schnellen Kriegseskalation im Angriffsfall garantieren und dadurch einen Krieg für den potentiellen Angreifer insgesamt unattraktiv machen. Außerdem gaben sie der in Europa konventionell und zahlenmäßig unterlegenen NATO eine mächtige Verteidigungswaffe im Einsatz gegen anrückende Gegner in die Hand. Dieses Konzept wurde gerade von der Luftwaffe begrüßt. Ab 1958 begannen die USA, ihre in Europa stationierten taktischen Luftwaffenverbände und auch die Landstreitkräfte mit neuen Atomwaffen für den Gefechtsfeldeinsatz auszurüsten. In der Folge schlug diese qualitative Änderung der Bewaffnung auch auf weitere europäische Luftstreitkräfte durch, die der NATO-Assignierung im Bereich AIRCENT unterstanden. Somit erhielten auch die ersten Jagdbomber-Geschwader der Luftwaffe ab 1958 die Befähigung zum nuklearen Strike.[246]

Spätestens ab diesem Zeitpunkt waren die alten Einsatzkonzepte, die noch aus dem Zweiten Weltkrieg für die Luftwaffe adaptiert wurden, nicht mehr länger verwendbar. Zumindest galt dies für die Einsatzarten Counter Air und Air Interdiction, die sich beide allein schon aus Kostengründen nur noch in ihrer nuklearen Variante wirtschaftlich durchführen ließen. Waren zu Zeiten des Weltkrieges zur Vernichtung eines Flugplatzes noch dutzende konventionell bewaffnete Bomber erforderlich, so genügte hierfür nun ein einziger, mit einer Nuklearwaffe im Kilotonnen-Bereich bewaffneter Jagdbomber.[247] Dies war nicht nur aus Kostengründen notwendig geworden, sondern schlichtweg auch aus zeitkritischen Erfordernissen. Nach Beginn eines atomaren „General War" in Mitteleuropa stand den westdeutschen Jagdbomber-Verbänden nach damaligem Verständnis nur ein Zeitfenster von 15 Minuten offen, um von ihren Flugplätzen zu starten, bevor diese von gegnerischen Maschinen erreicht und atomar vernichtet wurden.[248] Studien aus den 1960er Jahren gingen davon aus, dass sämtliche westdeutsche Militärflugplätze binnen 20 bis 25 Minuten nach Kriegsbeginn durch atomar bewaffnete Flugzeuge des Warschauer Vertra-

---

[246] Lemke: Konzeption und Aufbau der Luftwaffe, S. 178f.
[247] Damit war auch das Ende großer Formationen von taktischen Angriffsflugzeugen eingeleitet. Kernelement des Luftangriffes wurden fortan im Nukleareinsatz einzelne Jagdbomber oder in konventionellen Einsätzen, Formationen mit maximal Schwarmgröße (vier Maschinen). BArch, BL 1/1633: Fü L III 1: Führungs- und Einsatzgrundsätze für die Waffensysteme F-104G und G-91 (Entwürfe), S. 19f., 18.4.1968.
[248] Steinhoff/Pommerin: Strategiewechsel, S. 38.

ges ausgeschaltet wurden.[249] Der Jagdbomber, das nukleare Schwert der NATO auf dem europäischen Kriegsschauplatz, hatte in diesem Szenario auf Grund der geringen Vorwarnzeit im Falle eines Angriffes also nur eine einmalige Chance für die Durchführung eines Gegenschlages.

Dementsprechend penibel durchgeplant waren die Einsätze dieser Verbände. Anders als in konventionellen Kampfhandlungen blieb keine Zeit mehr für einen flexiblen Einsatz der Maschinen, welcher sich an der jeweiligen Lageentwicklung orientierte. Stattdessen waren die Strike-Einsätze, sobald sie vom SACEUR befohlen und über die NATO-Kommandoketten an die Geschwader weitergeleitet wurden, komplett automatisiert. Binnen einer genau festgelegten Zeitspanne hatten die bereits bewaffneten Maschinen aufzusteigen und im Tiefflug, unter Umgehung der gegnerischen Luftabwehr, ihre Ziele anzusteuern. Kenntnis über die genauen Zielkoordinaten hatten in den deutschen Geschwadern lediglich der jeweilige Pilot und der Geschwaderkommodore.[250] Anders als im konventionellen Einsatz flogen die Maschinen dabei nicht in Formation, sondern im Einzelflug. War das Ziel nicht auffindbar oder bereits vernichtet, war jedem Piloten ein Ausweichziel zugeordnet, das er dann angegriffen hätte.

Selbstverständlich war auf der eignen Seite nach einem erfolgten Erstschlag mit massiven Verlusten bei den Strike-Einheiten zu rechnen. Die Erfolgschance der gestarteten Maschinen verringerte sich zudem deutlich durch die hervorragende Luftabwehr des Warschauer Vertrages. Um die zu erwartende Verlustquote auszugleichen, waren Maschinen für den Re-Strike vorgesehen. Sie nutzten Atomwaffen des „Overkill"-Potentials der NATO, um die Zerstörung eines Ziels definitiv sicherzustellen.[251] Dennoch hätten im Jahr 1959 selbst im Idealfall nur maximal 55,5% der rund 2.000 Ziele der NATO im westlichen Gebiet des Warschauer Vertrages erfolgreich vernichtet werden können.[252] Grund war die enorme Verwundbarkeit der Luftwaffenstützpunkte der NATO in Mitteleuropa, vor allem auf dem Boden der Bundesrepublik.

---

[249] BArch, BL 1/3508: Fü L III: Untersuchung der Grundlagen für die Konzeption der Luftwaffe, S. 25, 22.10.1965.
[250] Steinhoff/Pommerin: Strategiewechsel, S. 40.
[251] Bevor die US-Streitkräfte 1961 mit ihrem Single Integrated Operational Plan (SIOP) erstmals begannen die Atomschläge ihrer Teilstreitkräfte untereinander abzustimmen, wären strategische Ziele, zu deren Zerstörung eine einzelne Nuklearwaffe ausgereicht hätte, bisweilen sogar mehrfach mit Atombomben belegt worden. J.C.S. 2056/131: Note by the Secretaries to the Joint Chiefs of Staff on Target Coordination and associated Problems, Art. 8, 20.8.1959,
http://nsarchive.gwu.edu/NSAEBB/NSAEBB130/SIOP-2.pdf (Stand: 25.11.2016).
[252] Lemke: Konzeption und Aufbau der Luftwaffe, S. 207.

Bereits nach einem dreitägigen „General War" prognostizierte die Luftwaffenführung einen Verlust von rund 60% der Strike-Kräfte der Allianz in Europa.[253] Für die Piloten der Strike-Verbände war zudem völlig klar, dass ihre Überlebenschance umso geringer war, je weiter östlich ihre Ziele lagen. Ohnehin blieb fraglich, ob selbst nach einem erfolgreichen Einsatz überhaupt noch eine Heimat existiert hätte, in die die Besatzungen nach ihrem Flug zurückkehren konnten. So ist es nicht verwunderlich, dass die deutsche Luftwaffe in der Zeit der Massiven Vergeltung bisweilen zynisch als eine Art „Wegwerfluftwaffe" beschrieben werden kann.[254] Dies galt insbesondere für die Strike-Verbände. Ihre Existenzberechtigung bestand, falls die Abschreckung versagen sollte, lediglich in der Durchführung eines einzigen, atomaren Einsatzfluges – ein zweiter war wenig wahrscheinlich.

Die Gefährdung des nuklearen Strike-Potentials der NATO stellte die Achillesferse des Konzeptes der Massiven Vergeltung in Europa dar. Besonders drängend war diese Frage im Frontstaat Westdeutschland. Da das Strike-Potential in der Bundesrepublik wie auch den anderen Bündnisnationen mit Masse in Händen der Luftstreitkräfte lag, mussten diese sich in der ersten Hälfte der 1960er Jahre damit auseinandersetzen, wie sie ihr nukleares Einsatzpotential wirkungsvoll schützen konnten. Im Bereich der beiden ATAFs wurden zu diesem Zeitpunkt tiefgreifende Überlegungen zur Verbesserung des Schutzes der Jabo-Verbände auf ihren Flugplätzen angestellt. Doch eine zwei bis drei Kilometer lange Startbahn ließ sich ebenso wenig gegen taktische Nuklearwaffen schützen, wie die dort stationierten Flugzeuge. Lösungen, wie der Bau von Splitterschutzboxen oder eine horizontale Dislozierung[255], konnten Gerät und Personal allenfalls gegen konventionelle Angriffe schützen. Auch ließen sich die großflächigen Anlagen weder wirkungsvoll tarnen noch verbunkern. Die 2. ATAF forderte 1962 zumindest den Bau von Atombunkern für einen Bestand von 15% der Strike-Maschinen.[256] Dennoch war diese Maßnahme extrem kostspielig und sprengte die Haushaltsmittel der meisten Verteidigungsbudgets westeuropäischer Staaten.

Die Lösung des Problems sah man zuerst im Bau von senkrecht startenden Kampfflugzeugen, die ohne verwundbare Start- und Landebahnen auskamen.[257] In der Tat waren die 1960er Jahre eine Hochphase in der Entwick-

---

[253] Ebd.
[254] Ebd., S. 92.
[255] Weiträumige Verteilung der Maschinen auf dem Platz.
[256] BArch, BL 1/5212: Umdislozierung, Auflockerung und Verbunkerung. Grundsätze der 2. ATAF, S. 13, 11.12.1961.
[257] Siehe: Senkrechtstart-Flugzeuge für taktischen Einsatz, in: Wehrkunde (9) 1961, S. 482-486.

lung von STOL- und VTOL-Konzepten.[258] Insbesondere General Josef Kammhuber, seit jeher von Hochtechnologiekonzepten angetan, unterstützte derlei Projekte. Die Hoffnungen, die er mit der Einführung vertikal startender Flugzeuge verband, fasste der SPIEGEL 1959 zusammen: „Kammhubers Traum ist es auch heute noch, von Flugplätzen unabhängig zu werden und auf Waldschneisen, in verborgenen Erdfalten, auf Schiffen und in unterirdischen Bunkern große Mengen von Jagdflugzeugen bereitzuhalten, die senkrecht in den Himmel schießen, falls jemals Sowjetbomber einfliegen sollten."[259] Dies bezog sich gleichsam auf die kommende Generation von Jagdbombern.

Die Entwicklung von Senkrechtstartern war gerade in der Bundesrepublik ein virulentes Thema, bedingt durch die Verwundbarkeit der eigenen Luftwaffenstützpunkte.[260] Bis 1968 investierte die Bundesrepublik über eine Milliarde D-Mark in die Entwicklung von Prototypen senkrecht startender Flugzeuge.[261] Keines davon erreichte die Serienreife. Größtes Problem beim Einsatz von Senkrechtstartern war ihre komplizierte und anfällige Triebwerkstechnik und das damit verbundene hohe Gewicht der Maschinen. Dadurch wurde die Zuladung massiv eingeschränkt. Somit waren die Flugzeuge lediglich im Rahmen eines „General War" mit einer einzigen Atomwaffe als Beladung einsetzbar. Zudem zeigte sich, dass die Flugzeuge bei weitem nicht einfach auf einer beliebigen Waldlichtung oder einem Hinterhof geparkt und schnell startbereit gemacht werden konnten. Stattdessen benötigten sie eine aufwändige Bodenorganisation, Logistik und Fachpersonal, was ihre Flexibilität und Beweglichkeit im Kriegsfall deutlich einschränkte.[262] Sämtliche deutsche Senkrechtstarterprojekte wurden im Zuge des NATO-Strategiewechsels 1968 durch den dritten Inspekteur der Luftwaffe, Generalleutnant Steinhoff, gestoppt. Die bis dahin fertiggestellten Prototypen wanderten in Museen.

Einen vielversprechenderen Ansatz zum Schutz des Abschreckungspotentials stellten ballistische Flugkörper wie die Pershing I dar. Sie übernahmen ähnliche Aufgaben wie die nuklear bewaffneten Jabo-Verbände der NATO, waren aber hochmobil und somit für den Gegner kaum aufzuspüren. Zudem gab es gegen nuklear bewaffnete ballistische Raketen in den 1960er Jahren keinerlei Abwehrmöglichkeit. Gerade die Kombination von Raketen und Nuklearwaffen trieb die Fähigkeiten des Atomwaffeneinsatzes auf die Spitze. Die

---

[258] Short Take-Off and Landing/Vertical Take-Off and Landing.
[259] Siehe: Senkrecht-Start: Kammhubers Traum, in: Der SPIEGEL (43) 1959, S. 36f, hier: S. 36.
[260] Siehe: Los von Flugplätzen!, in: Wehrkunde (10) 1955, S. 419-423.
[261] Siehe: Senkrechtstarter: Heftig gestorben, in: Der SPIEGEL (4) 1969, S. 43-45, hier: S. 43.
[262] Siehe: Luftwaffe: Senkrecht/kurz, in: Der SPIEGEL (49) 1963, S. 40-42, hier: S. 40f.

Luftwaffe erhielt ihre ersten Pershing I-Verbände ab 1963 und setzte sie als Erweiterung zu den mit Flugzeugen ausgerüsteten Strike-Verbänden ein.[263]

Doch auch die Pershing war kein unproblematisches Waffensystem. Zum einen gestaltete sich die Dislozierung der mobilen Feuereinheiten schwierig. Diese rotierten bereits in Friedenszeiten permanent in ihren Stationierungsräumen in der Bundesrepublik. Damit sollte der Gefahr ihrer Vernichtung entgangen werden, wenn sie sich zu lange an einem bestimmten Ort befanden. Die Landbeschaffung für die Bereitschaftsstellungen dieser Verbände stellte sich im eng besiedelten Westdeutschland aber als äußerst problematisch dar. Außerdem war fraglich, ob die Verbände nach Beginn eines umfassenden Nuklearkrieges überhaupt noch versorgbar waren.[264] Auch hier erwies sich einmal mehr die Logistik der Luftwaffe als ihre Achillesferse.[265] Letztlich war die Pershing I bereits bei ihrer Einführung technisch veraltet. Die Raketen hatten lediglich eine Reichweite von ca. 750 Kilometern, was selbst für eine atomare Kurzstreckenrakete zu gering war. Außerdem war das Waffensystem verhältnismäßig ungenau. Die Zielabweichung betrug bis zu 400 Meter. Damit waren die Raketen einzig und allein mit nuklearer Bewaffnung effektiv einsetzbar und daher für konventionelle Präzisionsschläge gegen Punktziele, wie beispielsweise Führungszentren, nur bedingt geeignet.[266]

Allein nuklear bewaffnete Jagdbomber als auch ballistische Raketen verloren im Zuge des NATO-Strategiewechsels ab 1967 massiv an militärischem Einsatzwert. Die Flexible Response erforderte stattdessen Waffensysteme, die hochleistungsfähig und zugleich äußerst flexibel einsetzbar waren. Doch diese besaß die Luftwaffe nicht.

d) Konventioneller Krieg, atomares Material

Die Anpassung der Luftangriffsverbände der Bundeswehr an die Flexible Response zog sich über den gesamten Betrachtungszeitraum dieser Arbeit hin und endete auch 1971 nicht. In letzter Konsequenz besaß die Luftwaffe erst ab 1981, mit der Einführung des extra für den konventionellen Einsatz konzipier-

---

[263] BArch, BL 1/5623: Fü L III 1: Stellungnahme von Fü L zur Vorbereitung der „AFCENT Conventional Offensive Air Operations Conference", Blatt 236, 28.11.1968.
[264] Entlastung sollten die ab 1966 aufgestellten Transporthubschrauber-Verbände der Luftwaffe bringen. Sie sollten die prekäre Versorgungslage für Einheiten verbessern, die schnell von der Logistik auf dem Landweg abgeschnitten wurden. BArch, BL 1/1888: Fü L II 4: Beschaffung mittl. Hubschrauber, S. 1, 29.9.1964.
[265] Lemke: Konzeption und Aufbau der Luftwaffe, S. 427f. u. 451.
[266] BArch, BL 1/4525: LDv 100/1 Luftkriegführung (Rohentwurf), Art. 85, September 1967.

ten Jagdbombers Tornado, ein geeignetes Waffensystem für die neue Strategie.[267]

Grund für die langsame Anpassung war nicht nur die bereits beschriebene Weigerung des Führungsstabes der Luftwaffe, sich den neuen Gegebenheiten unterzuordnen, sondern vor allem die weiterhin bestehenden Probleme bei Infrastruktur, Verwaltung und Personal der Luftwaffe – Probleme freilich, die die Luftstreitkräfte der Bundeswehr schon seit ihrer Aufstellung begleiteten. Zudem war mit dem bestehenden Gerät, das extrem einseitig auf die Massive Vergeltung hin beschafft wurde, ein konventioneller Einsatz im großen Stil kaum durchführbar.

Erschwerend kam hinzu, dass die politische Ebene der NATO und auch die Bundesregierung sich bereits ab 1961 einer Änderung der Bündnisstrategie zuwendeten. In der Folge begann die politische Leitung des Verteidigungsministeriums damit, den Streitkräften eine Anpassung an das neue Kriegsbild zu verordnen. Für die Teilstreitkräfte der Bundeswehr galten aber weiterhin die Aufstellungsplanungen der NATO, festgelegt in der MC 70. Deshalb kam es Mitte der 1960er Jahre zu der kuriosen Situation, dass die politische Führung der Allianz immer deutlicher den Strategiewechsel forcierte, ihre militärischen Gremien aber gleichzeitig das Nuklearpotential weiter aufbauten.[268] Konventionelle Truppen in Europa wurden in dieser Zeit gar reduziert. In der NATO wirkten offenbar zwei Strömungen gegeneinander, die sich beispielsweise auf Ebene der deutschen Luftstreitkräfte manifestierten. So wurde erst 1968 die letzte F-104-Strike-Staffel der NATO unterstellt, obwohl man zu diesem Zeitpunkt eigentlich schon längst damit hätte beginnen müssen, die Verbände primär auf konventionelle Aufgaben auszurichten.[269] Dies geschah zwar ab 1966 schrittweise, aber nun zeigten sich die gravierenden Folgen der fehlgeplanten, nuklearen Ausrüstung der Luftwaffe.

Die F-104G war im konventionellen Einsatz (Fighter Bomber Attack, FBA) nicht wirtschaftlich oder effektiv einsetzbar. Dazu war das Waffensystem mit seiner komplexen Bodenorganisation und vor allem seinem hohen Stückpreis zu schwerfällig und zu teuer. Außerdem war die Maschine mit ihrer geringen Nutzlast und den wenigen Waffenstationen auch technisch nicht für umfassende, nicht-nukleare Einsätze ausgelegt. Zudem mangelte es sowohl an

---

[267] Siehe: Das Neue Kampfflugzeug – Schritt in die Zukunft, in: Wehrkunde (2) 1969, S. 59-61 sowie: Auf dem Wege zum neuen Kampfflugzeug. Das neue Kampfflugzeug (NKF) = Multi Role Combat Aircraft 1975 (MRCA 75), in: Soldat und Technik (12) 1968, S. 655-657.
[268] BArch, BL 1/3508: Untersuchung über die Grundlagen für die Konzeption der Luftwaffe, S. 13f., 22.10.1965.
[269] Lemke: Konzeption und Aufbau der Luftwaffe, S. 228f.

konventioneller Abwurfmunition als auch an der Ausbildung der Piloten für konventionelle Einsätze.[270]

Außerdem musste die Kapazität für die nukleare Abschreckung weiterhin aufrechterhalten werden. Somit erhielten einige der F-104-Verbände ab 1968 eine konventionelle Zweitrolle (Dual Role). Maschinen, die für den Strike vorgesehen waren, konnten nun auch mit konventioneller Bewaffnung eingesetzt werden. Dieser Zwischenlösung wohnte allerdings ein gravierendes Problem inne. Gingen Strike-Flugzeuge in den ersten Tagen eines konventionellen Krieges im Einsatz verloren, verringerte sich damit die gesamte nukleare Gegenschlagfähigkeit der NATO in Europa. Auf Grund der hohen Kosten der Maschinen konnte aber keine ausreichende Reserve an Flugzeugen für die Aufrechterhaltung der Strike-Fähigkeit bereitgehalten werden. Die Luftwaffe war schließlich eine „force in being"[271], sie musste im Kriegsfall mit ihrem kompletten Friedensbestand an Luftfahrzeugen agieren.[272]

In Einsatzvorschriften, wie auch der LDv 100/1 von 1971, wird diese Multi-Role-Verwendung der Starfighter-Geschwader meist einhellig als eine positive Entwicklung beschrieben, die der Luftwaffe zusätzliche Flexibilität verschaffe. In die Materie involvierte Kommentatoren jener Zeit sahen die Lage jedoch völlig anders. Fü L II 8, zuständig für alle Belange der Ausbildung, Waffen und Gerät, kritisierte 1968 die Entwürfe für die neuen konventionellen Einsatzgrundsätze der Jabo-Verbände deutlich. Das Referat merkte an, dass die Aussage falsch sei, dass sich aus der Vielfalt der Aufgaben nun eine zunehmende Spezialisierung der Verbände ergäbe. Vielmehr sei korrekt: „Der Mangel [...] an Personal, Material, Ausbildungseinrichtungen und Haushaltsmitteln zwingt zur Einschränkung [Hervorhebung im Original] der gegebenen Möglichkeiten."[273] In dieser Deutlichkeit schafften es derartige Aussagen selbstverständlich nie in die fertigen Führungsanweisungen.

---

[270] BArch, BL 1/5623: Fü L III 1: Stellungnahme von Fü L zur Vorbereitung der „AFCENT Conventional Offensive Air Operations Conference", Blatt 214, 28.11.1968 sowie: BArch, BL 1/3508: Untersuchung über die Grundlagen für die Konzeption der Luftwaffe, S. 44, 22.10.1965.

[271] Eine auf Grund ihres extrem zeitkritischen Einsatzes bereits zu Friedenszeiten voll entfaltete Teilstreitkraft. BArch, BL 1/1753: Der Inspekteur der Luftwaffe – Stellungnahme zu den Studien der Inspekteure des Heeres und der Marine, Blatt 5, 1.11.1959.

[272] Überlegungen, um 1970 eine Reserveluftwaffe nach amerikanischem Vorbild in der Bundeswehr aufzustellen, scheiterten an den zu hohen Kosten. Siehe: Reservebildung oder Substanzverlust? Die Alternative der Luftwaffe, in: Loyal (4) 1971, S. 3-6.

[273] BArch, BL 1/1633: Fü L III 1: Führungs- und Einsatzgrundsätze für die Waffensysteme F-104G und G-91 (Entwürfe), Fü L II 8: Stellungnahme und Änderungsvorschläge, Punkt 15., 18.6.1968.

Die angespannte Lage innerhalb der Luftwaffe spiegelte in letzter Konsequenz keine rein deutschen, sondern vor allem Probleme der gesamten Allianz wider.[274] Mit dem für die Kriegsvermeidung durch Abschreckung beschafften Umfang an Material und Personal wäre kein tatsächlicher, konventioneller Krieg führbar gewesen, der länger als zwei Tage andauerte.[275] Andernfalls drohten die eigenen Verbände vorzeitig zu verschleißen. Folglich war gerade die Luftwaffe daran interessiert, einen möglichen Krieg mit dem Warschauer Vertrag nur eine kurze Zeit auf konventionellem Niveau zu halten. Sobald ein Absinken der eigenen Kräfte unter ein für den Strike notwendiges Maß erkennbar wurde, musste die NATO nuklear eskalieren. Auf politischer Ebene trug man dieses Konzept in Westdeutschland bereitwillig mit. Denn nur die Gefahr einer schnellen nuklearen Eskalation auf ein globales Niveau schien den Fortbestand der Bundesrepublik garantieren zu können.[276]

Für die leichten Kampfgeschwader mit der Fiat G.91 war die Anpassung an den NATO-Strategiewandel um einiges leichter. An ihrem Einsatzprofil änderte sich auch mit dem Übergang zur Flexible Response nichts Grundlegendes. Da die Fiat G.91 ohnehin nur konventionell einsetzbar war, wurde daran festgehalten. Allerdings stieg der Umfang der konventionellen Heeresunterstützung nun deutlich. Es konnte nicht mehr davon ausgegangen werden, dass große Ansammlungen gegnerischer Bodentruppen rasch durch Atomschläge der schweren Jagdbomber vernichtet würden. Neu für die leichten Kampfgeschwader war der Einsatz in der bewaffneten Aufklärung (Armed Recce). Damit sollten hochmobile gegnerische Ziele bereits bei ihrer Entdeckung im Frontbereich bekämpft werden.[277] Somit wären die leichten Kampfgeschwader in der neuen konventionellen Strategie im Ernstfall zum „Arbeitspferd" der Luftangriffsverbände der Luftwaffe geworden.

Allerdings standen diesem Konzept gravierende Mängel des Waffensystems gegenüber. Die Fiat G.91 wurde ab 1961 unter der Prämisse beschafft, dass sie einfach zu warten und von unbefestigten Frontplätzen aus eingesetzt werden konnte. Während das Flugzeug die erste Maßgabe auch erfüllte, war der Einsatz der Maschinen von Graspisten im feuchten Klima Nordeuropas nicht mehr durchführbar.[278] In der Folge mussten die Verbände auf Flugplätze mit

---

[274] Siehe: Kritik an einer nicht-nuklearen Abschreckung. Journalist berichtet über Meinung von US-Offizieren, in: Soldat und Technik (1) 1962, S. 18.
[275] BArch, BL 1/3508: Untersuchung über die Grundlagen für die Konzeption der Luftwaffe, S. 87, 22.10.1965.
[276] BArch, BL 1/4027, Rede des Generalinspekteurs der Bundeswehr zum Abschluß der 16 Kommandeurtagung der Bundeswehr, S. 9, 2.7.1970.
[277] BArch, BL 1/1633: Fü L III 1: Führungs- und Einsatzgrundsätze für die Waffensysteme F-104G und G-91 (Entwürfe), 18.4.1968.
[278] Lemke: Konzeption und Aufbau der Luftwaffe, S. 240.

asphaltierten Landebahnen verlegt werden. Damit erhöhte sich die Wahrscheinlichkeit ihrer Vernichtung nach Beginn der Kampfhandlungen deutlich. Gleichzeitig war ihre Zuladung an Waffen drastisch limitiert, denn um die erforderliche Reichweite zum Erreichen der Front zu garantieren, mussten die Flugzeuge mit Zusatztanks ausgerüstet werden. Der militärische Wert der Fiat G.91 war im neuen Kriegsszenario also auf den zweiten Blick deutlich limitiert. Folgerichtig kam 1965 der Bericht zur künftigen Konzeption der Luftwaffe zu einem vernichtenden Urteil: „Versuche und Truppenerprobungen haben inzwischen ergeben, daß dieses Waffensystem den Erwartungen nicht gerecht wird. […] In dieser Form eingesetzt, muß das Waffensystem als unwirtschaftlich gelten."[279]

e) Stand der Offensivfähigkeiten am Ende der 1960er Jahre

Der Bereich der Doktrinerstellung in der Luftwaffe versuchte dem Strategiewechsel der NATO so gut Rechnung zu tragen, wie dies eben möglich war. Für alle drei oben genannten Hauptwaffensysteme wurden bis 1968 neue Einsatzgrundsätze geschaffen. Sie orientierten sich an den neuen Vorgaben der NATO für die konventionelle Kriegführung. Dennoch konnten die Vorschriften nicht überspielen, dass damit lediglich Flickschusterei mit ungeeignetem Material betrieben wurde. In der Konsequenz stieg die Belastung gerade für die betroffenen Piloten an, die jetzt sowohl für den konventionellen als auch den atomaren Einsatz ausgebildet und bereitgehalten werden mussten.

An die Erstellung einer Doktrin für die Luftwaffe war in der Zeit des Strategiewechsels der NATO nicht zu denken. Die Geschwindigkeit, mit der sich das Bündnis in jener Zeit strukturell und auch militärisch sowie politisch veränderte, ließ langfristig angelegte Vorschriften schnell veralten. Die Entwicklungsgeschichte der LDv 100/1 gibt einen deutlichen Eindruck davon. Obwohl sie als oberste Führungsvorschrift der Luftwaffe gedacht war, kamen die Arbeiten an der Vorschrift seit 1961 nur langsam voran. Hintergrund war zum einen, dass die Luftwaffe kaum über geeignetes Fachpersonal verfügte, das eine derart komplizierte Vorschrift unter den Bedingungen ständig wechselnder technischer und sicherheitspolitischer Grundlagen erstellen konnte.[280] Außerdem wurden gerade in den 1960er Jahren immer wieder andere Vorschriften in der Bearbeitung vorgezogen, weil diese für den Strategiewandel der NATO höhere Priorität genossen. Zwar sind zwei Entwürfe der LDv 100/1 von 1967 und

---

[279] BArch, BL 1/3508: Untersuchung über die Grundlagen für die Konzeption der Luftwaffe, 22.10.1965.
[280] BArch, BL 1/1903 9: Fü Ak Bw – Abt.-Lw, Vortragsnotiz Studiengruppe Luftwaffe: Bisherige Entwicklung – beabsichtigte Veränderungen, 9.2.1970.

1971 fertiggestellt worden, die zumindest einen Einblick in den Wandel des taktischen Denkens in der Luftwaffe erlauben. Dennoch wurden die Arbeiten an der Vorschrift 1981 eingestellt, weil ihr zu erwartender Ertrag in keinem Verhältnis mehr zum Aufwand stand, den die Erarbeitung bedeutete.[281] Die NATO, die in letzter Konsequenz ohnehin den alleinigen Geltungsanspruch auf dem Gebiet der Doktrinen ihrer Mitgliedsnationen besaß, hatte außerdem 1976 eine verbindliche Luftkriegsvorschrift für das gesamte Bündnis fertiggestellt, die ATP-33 „Tactical Air Doctrine".

Die LDv 100/1 wurde, 30 Jahre nach dem Beginn der Arbeiten an ihr, erst im Jahre 1991 unter den veränderten politischen Bedingungen nach dem Mauerfall veröffentlicht.

Die Betrachtung des Themenbereichs Luftangriff in der Luftwaffe zeigt bis 1971, wie kompliziert und problembehaftet die Aufstellungszeit der Luftstreitkräfte der Bundeswehr war. Alte Erkenntnisse und Anweisungen ließen sich nicht mehr eins zu eins auf die Gegebenheiten eines atomaren Krieges übertragen. Die exponierte Lage der Bundesrepublik und die Verwundbarkeit der eigenen Verbände taten ihr Übriges. Zwar stellte die Luftwaffe tatsächlich einen erheblichen Anteil an den Strike-Verbänden der NATO und damit des nuklearen Schwerts der taktischen Streitkräfte in Europa. Im Rahmen der reinen Abschreckungswirkung der Massiven Vergeltung hatten die verwundbaren Jagdbomber- und Flugkörper-Geschwader der Luftwaffe also durchaus eine Existenzberechtigung, auch wenn diese nur so lange galt, wie Frieden zwischen den Blöcken herrschte.

Mit der zunehmenden Hinwendung der NATO zur Flexible Response änderte sich dieses Verhältnis aber grundsätzlich. Plötzlich ging es nicht mehr darum von einem Krieg abzuschrecken, sondern Wege zu finden, ihn auf einem konventionellen Niveau wirklich führen zu können. Die Vorstellungen des dritten Inspekteurs, Generalleutnant Steinhoff, gingen deshalb ab 1969 eher in Richtung einer Guerilla-Kampftaktik für die Verbände der Luftwaffe. Nach schwedischem Vorbild sollten ihre verwundbarsten Einheiten direkt nach Konfliktbeginn in kleinen Gruppen auf Behelfsflugplätze und Autobahnabschnitte umdisloziert werden, damit sie vom Gegner nicht unmittelbar auf ihren Flugplätzen vernichtet werden konnten.[282]

Unter diesen Bedingungen musste die Luftwaffe nun erstmals tatsächlich Verbände und Strukturen aufbauen, die einen wirklichen Einsatzwert aufwiesen. Im Bereich der Vorschriftenerstellung gelang ihr das erstaunlich schnell

---

[281] BArch, BL 1/1904 1: Fü L I 5 an Fü L III 5, Einstellen der Bearbeitung LDv 100/1 u. LDv 100/2, 14.9.1981.
[282] Siehe: Neues Kampfflugzeug: Gefahr durch Fortschritt, in: Der SPIEGEL (21) 1969, S. 100f., hier: S. 100.

und flexibel, zumindest so lange man sich nicht auf die Ebene großer Luftkriegsdoktrinen wagte. Die tatsächlichen Einsatzvorschriften der Verbände wurden in enger Kooperation mit den ATAFs und den Stäben bei SHAPE und AIRCENT binnen kürzester Zeit an die neue Strategie der Allianz angepasst. Vorschriften konnten relativ leicht neu gedruckt und Piloten mit einem gewissen zeitlichen Verzug entsprechend umgeschult werden. Im Bereich der Rüstungsbeschaffung sah die Situation für die Luftwaffe aber völlig anders aus. Keine zehn Jahre nach dem milliardenteuren Beschaffungsprojekt des Starfighters und der negativen Öffentlichkeitswirkung, die dieses produzierte, war an die schnelle Beschaffung neuer Kampfflugzeuge nicht zu denken. Der Strategiewechsel der NATO veränderte außerdem die Budgetverteilung innerhalb der Bundeswehr. Heer und Marine hatten nun auch Anspruch auf neues Gerät. Die Luftwaffe musste also noch auf Jahre mit dem Vorlieb nehmen, was sie an Material im Bestand hatte. Im Luftkrieg bedeutete dies eine missliche Situation, denn hier diktiert durchaus das Material die Doktrin, wenn keine neuen Waffen beschafft werden können.

3. Luftverteidigung

a) Definition der Luftverteidigung in Führungsvorschriften

Die Definition dessen, was Luftverteidigung im Kern für Luftstreitkräfte bedeutet, änderte sich über den gesamten Betrachtungszeitraum dieser Arbeit für die Bundeswehr nicht grundlegend. Bereits eines der ersten Führungsdokumente der Luftwaffe, die „Grundlagen der Luftverteidigung", das zugleich als ein früher Entwurf einer rein nationalen Doktrin für die Luftwaffe verstanden werden kann, fasste 1959 prägnant zusammen, was unter dem Begriff zu verstehen war: „Die Luftverteidigung umfasst alle Maßnahmen die darauf abzielen, feindliche Angriffsmittel in der Luft zu vernichten oder ihre Wirkung abzuschwächen."[283]

Als Mittel der Luftverteidigung wurden Fliegerkräfte, Flugabwehrverbände, Fernmeldeverbände sowie der Luftschutzwarndienst beziehungsweise der zivile Luftschutz gesehen. In späteren Jahren kamen dann noch die Führungsdienste, also der militärische Luftraumüberwachungs- und Radarführungsdienst, hinzu, welche das Luftlagebild erstellen und die Arbeit der Luftabwehr überhaupt erst ermöglichen.[284]

Luftverteidigung setzte sich dabei aus einer aktiven und einer passiven Komponente zusammen.[285] Unter aktiver Luftverteidigung wurde das direkte Bekämpfen gegnerischer Luftstreitkräfte, beziehungsweise der von ihnen genutzten Infrastruktur bezeichnet. Passive Luftverteidigung hingegen umfasste als eine Art Sammelbegriff all jene Maßnahmen, mit denen die Wirkung gegnerischer Angriffe abgemildert werden konnten. Dies bezog sich auf Tarnung, Verbunkerung, Dislozierung und zivilen Luftschutz.[286] Damit standen Aufgabe und Durchführung der Luftverteidigung fest. Sie sollte das Gebiet der Bundesrepublik, die dort stationierten Streitkräfte sowie die Bevölkerung vor gegnerischen Luftangriffen schützen.

Verkompliziert wurde die Situation allerdings durch die exponierte Lage der Bundesrepublik.[287] Denn als Frontstaat war sie nicht nur ein nationales Luftverteidigungsterritorium, sondern auch Operationsgebiet der vorne stationierten Streitkräfte der NATO. Somit existierten auf dem Boden der Bundesre-

---

[283] BArch, BL 1/327: Die Grundlagen der Luftverteidigung (Entwurf), Art. 1, 15.9.1959.
[284] BArch, BL 1/2666-1: LDv 100/1 (Entwurf 1971), Art. 306, 10.8.1971.
[285] Siehe: Der Luftschutz in der neuzeitlichen Landesverteidigung, in: Wehrkunde (6) 1953, S. 22-24, hier: S. 23f.
[286] BArch, BL 1/327: Die Grundlagen der Luftverteidigung (Entwurf), Art. 1, 15.9.1959.
[287] Siehe: Die Luftverteidigung in Westeuropa, in: Wehrkunde (1) 1957, S. 17-21, hier: S. 20f.

publik faktisch zwei verschiedene Luftverteidigungsstreitkräfte: Jene der gemeinsamen NATO-Luftraumverteidigung und jene der taktischen Frontverbände, welche über dem Gefechtsfeld um die Luftüberlegenheit gefochten hätten. Diese zweite Aufgabe wurde auch als Gefechtsfeldjagd bezeichnet. Dies demonstriert sehr deutlich, wie sehr im deutschen Fall die Begriffe „Front" und „Heimat" angesichts eines dritten Weltkrieges verschwammen. Eine klare Trennlinie zwischen beiden Bereichen zu ziehen, war auf Grund der engen Verflechtung der europäischen Luftstreitkräfte nicht möglich. Zudem unterstanden die nationale Luftverteidigung als auch die Gefechtsfeldjagd den beiden ATAFs in Mitteleuropa.[288] In beide Strukturen war die Luftwaffe integriert.

Rein militärisch war die multinationale Luftverteidigung in Mitteleuropa zweckmäßig.[289] Im Nachgang des Zweiten Weltkrieges erkannten die NATO-Bündnispartner, dass im eng besiedelten Europa mit seinen verhältnismäßig kleinen Nationalstaaten eine rein nationale Luftverteidigung nicht mehr denkbar und finanzierbar war. Der gewaltigen Luftstreitkraft, welche von Seiten des Warschauer Vertrages aufgeboten wurde, konnte nur eine gemeinsame und vor allem integrierte Luftverteidigung entgegengestellt werden.[290] Die Errichtung dieser gemeinsamen Luftverteidigung, zu wesentlichen Anteilen auf westdeutschem Boden, war Kernaufgabe der Arbeit der NATO-Luftstreitkräfte ab etwa 1955. Der zentrale NATO-Beschluss für den faktischen Beginn der Integration fiel allerdings erst 1960, nachdem das Projekt fast an der Ablehnung Frankreichs gescheitert war.[291]

Prinzipiell sollte das System folgende Struktur annehmen: Die gesamte Luftverteidigung der Allianz in Europa unterstand in letzter Konsequenz dem Hauptquartier SHAPE. Verantwortlich zeichnete für sie damit in letzter Instanz der SACEUR. Dieser setzte einen Luftverteidigungsbefehlshaber ein, der mit seinem Stab die gesamte Luftverteidigung des Kriegsschauplatzes zentral organisierte. Die Weisungen des Luftverteidigungsbefehlshabers wurden dann an die multinational zusammengestellten Luftflotten des Bündnisses – in der Bundesrepublik der 2. und 4. ATAF – weitergeleitet und von deren assignierten Verbänden durchgeführt. Grundelement der Luftverteidigung war ein lückenloses Luftraumüberwachungsnetz, welches von NATO-eigenen Radarstellungen

---

[288] Siehe: Luftschutz für Zentral-Europa, in: Mitteilungen der Gesellschaft für Wehrkunde (9) 1952, S.8.
[289] Siehe hierzu auch: Gedanken über eine europäische Luftverteidigung, in: Wehrkunde (1) 1953, S. 8-10, hier: S. 8f.
[290] Siehe: Integration der Luftverteidigung in Nato-Europa, in: Soldat und Technik (4) 1959, S. 168-175 sowie: Krüger, Dieter: Die Entstehung der NATO-Luftverteidigung und die Integration der Luftwaffe, in: Bernd Lemke/Ders. u.a. (Hrsg.). Die Luftwaffe 1950 bis 1970. Konzeption, Aufbau, Integration, München 2006, S. 485-556, hier: S. 488.
[291] Ebd., S. 493g. u. S. 517.

und den angeschlossenen Luftverteidigungsgefechtsständen aufrechterhalten wurde. Ausführende Elemente waren schlussendlich die Jagdgeschwader und Flugabwehrraketenverbände der beteiligten Nationen. Operativ unterstanden auch sie dem Kommando der NATO.

Auf dem Gebiet der Bundesrepublik stellte also die Bundeswehr weder im Bereich der luftgestützten noch der bodengebundenen Flugabwehr alleine sämtliche Kapazitäten des Bündnisses. Die beiden Sperrriegel der FlaRak in Westdeutschland setzten sich beispielsweise aus Verbänden der Bundesrepublik, der Niederlande, Belgiens, Frankreichs und der USA zusammen. Weiterhin unterhielten einige der in Westdeutschland stationierten Bündnismitglieder eigene Jagdgeschwader. Hinzu kam, dass das Hoheitsrecht des Air-Policing für die Überwachung des Luftraumes über Westdeutschland bis 1990 nicht von der Bundeswehr, sondern von den ehemaligen Besatzungsmächten geleistet wurde.[292] Es kann also durchaus argumentiert werden, dass die Bundeswehr im Bereich der Luftraumüberwachung über dem eigenen Staatsgebiet letztlich nicht der alleinige „Herr im eigenen Haus"[293] war.

Luftverteidigung bestand allerdings nicht nur aus reinen Defensivhandlungen. Die Studie „Grundlagen der Luftverteidigung" wies 1959 auf einen wichtigen Punkt hin: „Luftverteidigung und Luftangriff sind keine voneinander unabhängige, sondern zwei verschiedene Formen des Luftkrieges, die zeitlich und örtlich oft ineinander übergreifen."[294] Diese Tatsache sollte sich für die NATO mit der Implementierung der Flexible Response noch als Problem erweisen. Denn oftmals war eine wirkungsvolle Luftverteidigung nur dann denkbar, wenn sie auch offensiv, in Form von Angriffen, gegen gegnerische Flugplätze geführt wurde. Dies bezog sich in erster Linie auf eine besondere Einsatzart der Luftstreitkräfte, das sogenannte Counter Air.

b) Der Jägerstreit

Wenngleich die ersten Konzepte zum Aufbau westdeutscher Luftstreitkräfte noch mit dem Gedanken spielten, auf eine eigene Luftverteidigungskomponente nahezu komplett zu verzichten, wandelte sich diese Ansicht spätestens im Zuge der EVG-Verhandlungen zwischen 1952 und 1954 ins komplette Gegenteil.

---

[292] Finke, Julian-André: Hüter des Luftraumes? Die Luftstreitkräfte der DDR im Diensthabenden System des Warschauer Paktes, Berlin 2010, S. 299.
[293] Dies bezog sich gleichsam auf die Luftstreitkräfte der NVA; ebd., S. 224.
[294] BArch, BL 1/327: Die Grundlagen der Luftverteidigung (Entwurf), Art. 6, 15.9.1959.

Eine selbstständige Teilstreitkraft Luftwaffe musste zwingend auch über Fähigkeiten zur Luftverteidigung verfügen, insbesondere dann, wenn es sich bei ihr um ein Element von defensiv ausgerichteten Gesamtstreitkräften handelte. Gerade der kriegsgedienten Führungsschicht ehemaliger Luftwaffenoffiziere im Amt Blank, wie beispielsweise Werner Panitzki oder Josef Kammhuber, stand noch klar vor Augen, welche gravierenden Folgen eine unzureichende Luftverteidigung im Kriegsfall nach sich ziehen konnte. Wie eine effektive Verteidigung allerdings faktisch auszusehen hatte, war Mitte der 1950er Jahre bei weitem nicht mehr so klar, wie noch in den Jahren des Zweiten Weltkrieges.

Die anhaltenden technischen Veränderungen auf dem Gebiet der Rüstungsentwicklung machten zuverlässige Planungen für Aufbau und Struktur von Luftverteidigungsverbänden äußerst problematisch. So hatte sich nach 1945 beispielsweise gezeigt, dass bodengestützte Flakbatterien, welche in Deutschland die Hauptlast der Luftverteidigung während des Krieges getragen hatten, in einem modernen Kriegsszenario kaum mehr einsetzbar waren. Gegen überschallschnelle Flugzeuge waren sie wegen ihrer geringen Genauigkeit ebenso ineffektiv wie gegen Bomber ab einer Höhe von 10.000 Metern. Rohr-Flak ließ sich allenfalls noch im Rahmen des Objektschutzes zur Tieffliegerabwehr einsetzen.[295] Somit blieb also die Frage offen, welches Waffensystem die nun entstehende Lücke der alten Flakgeschütze füllen sollte. Hier kamen lediglich die neu entwickelten Boden-Luft Raketensysteme, also die FlaRak, in Frage. Dass derlei Waffen ab Beginn der 1960er Jahre die Natur des Luftkrieges deutlich beeinflussen würden, war den Luftkriegstheoretikern auf beiden Seiten des Eisernen Vorhanges klar.[296] Allerdings war keines der in der Entwicklung befindlichen Systeme für die westeuropäischen Streitkräfte vor 1960 verfügbar. Folglich musste sich die Luftwaffe, zumindest vorläufig, auf zahlenmäßig große Verbände von Jagdflugzeugen zum Schutz des eigenen Bundesgebietes verlassen.

Die Streitkräfteplanung der entstehenden EVG, welche im sogenannten Accord Spécial festgelegt war, gestand den westdeutschen Luftstreitkräften allerdings lediglich acht Jagdgeschwader zu.[297] Diese Festlegung hielten die verantwortlichen Planer im Amt Blank für viel zu gering. Mit der daraus resultierenden Anzahl von gerade einmal 372 Jagdflugzeugen war in keinem Fall, und dies selbst bei einer vollen Integration der europäischen Luftverteidigung, ein

---

[295] BArch, BL 1/1502, Josef Kammhuber: Einsatz und Führung der bodenständigen Luftverteidigung, S. 6, 22.3.1955.
[296] Siehe: Ferngelenkte Eigenantriebsgeschosse und Luftzielbekämpfung, in: Mitteilungen der Gesellschaft für Wehrkunde (8) 1952, S. 4-6, hier: S. 4f.
[297] BArch, BW 9/1444: Abteilung Luftstreitkräfte/Paris: Rede Oberst i.G. aD Richard Heuser, S. 1, 27.1.1954.

Schutz der Bundesrepublik zu gewährleisten.[298] Die geringe Zahl an Jagdflugzeugen, die Westdeutschland zugestanden wurde, hatte jedoch vor allem politische Hintergründe. Gerade Frankreich, welches in der EVG einen Führungsanspruch erhob, bestand darauf, dass Westdeutschland in erster Linie große Jabo-Verbände zur Heeresunterstützung stellen sollte. Da jedoch gemäß EVG-Vertrag die Gesamtgröße der westdeutschen Luftwaffe auf maximal 1.326 Flugzeuge beschränkt war, konnte die Bundesrepublik nicht einfach zusätzliche Jagdverbände aufstellen. Die französische Luftwaffe hingegen stellte laut Accord Spécial 45% aller Jagdflugzeuge der Verteidigungsgemeinschaft.[299] Der Vertreter der deutschen Luftstreitkräfte bei den EVG-Verhandlungen, Richard Heuser[300], fasste in einem Bericht zum Stand der Verhandlungen im Januar 1954 die Situation wie folgt zusammen: „Entsprechend seiner Beteiligung an der Aufstellung an Jagd- und Jabo-Verbänden wird Deutschland vornehmlich die Europäischen Landstreitkräfte an der Front zu unterstützen haben […] [in Fußnote: und damit die grössten Opfer an Personal und Material tragen] während es die Aufgabe der übrigen Staaten, vor allem Frankreichs sein wird, die Luftverteidigung zu übernehmen."[301]

Ein derartiges Ungleichgewicht bei der Ausrichtung der nationalen Luftstreitkräfte in Europa musste zwangsläufig zu Konflikten zwischen den Delegationen während der EVG-Verhandlungen führen. So froh man auf deutscher Seite auch über die Möglichkeit zur Integration in eine gemeinsame europäische Verteidigungsstruktur war, so sehr fürchtete man doch, zum bloßen Instrument französischer Sicherheitsinteressen gemacht zu werden. Heusers Vorwurf lautete dementsprechend, dass Frankreich sich im Kriegsfall mit seiner starken Jagdabwehr in erster Linie selbst schützen wolle, während die Bundesrepublik als Schlachtfeld eines künftigen Krieges von den eigenen Bündnispartnern preisgegeben worden wäre, um als eine Art Wellenbrecher des sowjetischen Angriffs zu dienen. Dieser Vorwurf hielt sich in Westdeutschland bis zum Fall der Mauer, bezog sich ab den 1960er Jahren aber eher auf die Bündnistreue der USA.

Dass im Luftkrieg zu jeder Zeit immer der Kampf um die Luftüberlegenheit an erster Stelle stehen musste, stand für die Führungsebene der Abteilung Luftwaffe, Heuser, Panitzki und später auch Inspekteur Kammhuber, stets

---

[298] BArch, BW 9/3553, Studiengruppe Heimatverteidigung, Tgb. Nr. 638/54 geh., Blatt 64, 22.10.1954.
[299] BArch, BW 9/1444: Abteilung Luftstreitkräfte/Paris: Rede Oberst i.G. aD Richard Heuser, S. 3, 27.1.1954.
[300] Zu Richard Heuser siehe: Zimmermann, John: Ulrich de Maizère, S. 158.
[301] BArch, BW 9/1444: Abteilung Luftstreitkräfte/Paris: Rede Oberst i.G. aD Richard Heuser, S. 3, 27.1.1954.

fest. Um diesen Kampf erfolgreich führen zu können, benötigte eine Luftwaffe vor allem Jagdflugzeuge. Wie tief das Scheitern der Luftwaffe der Wehrmacht beim Versuch, das Reichsgebiet im Zweiten Weltkrieg zu verteidigen, in den Köpfen der Aufbaugeneration der Bundesluftwaffe verhaftet war, zeigt der Bericht der Studiengruppe Luftwaffe im Amt Blank vom Oktober 1954. „Der im Rahmen des sog. ACCORD SPECIAL festgelegte Umfang an Jagdflugzeugen für die Bundesrepublik steht in erschreckendem Missverhältnis zu Feindlage und den Jagdkräften anderer europäischer Staaten."[302] Aus dieser Erkenntnis leitete die Studiengruppe ab: „Die Beibehaltung der im ACCORD SPECIAL festgelegten Verhältniszahlen heisst die Fehler, die in der gleichen Frage beim Aufbau der ehemaligen deutschen Luftwaffe begangen wurden, wiederholen."[303] Derlei Aussagen finden sich mehrfach in überlieferten Dokumenten der Abteilung VI.

Die Verweise auf das Versagen der Luftwaffe im Zweiten Weltkrieg unterstrichen, wie sehr die Planer der künftigen Luftwaffe hier bemüht waren, Defizite der Vergangenheit nicht ein zweites Mal aufkommen zu lassen. Ganz oben auf der Prioritätenliste stand daher die Forderung, sich die Luftüberlegenheit über dem eigenen Staatsgebiet nicht erneut abringen zu lassen. Wie wichtig das Erlangen der Luftüberlegenheit war, verdeutlichte eine Stellungnahme der Abteilung Luftwaffe zum Entwurf des Führungsdokuments „Allgemeine Grundsätze der Truppenführung" von 1954. In diesem Dokument wurde die Erringung der Luftüberlegenheit als „erste und vordringlichste Aufgabe der Luftwaffe" beschrieben.[304] Um der etwaigen Kritik der Heeresabteilung vorzubeugen, fügten die Autoren allerdings hinzu, dass das Halten der Luftüberlegenheit durch die Luftwaffe allen anderen Teilstreitkräften zu Gute käme. Denn damit sei die Gefahr von Luftangriffen auf deren Einheiten deutlich verringert, wodurch sich in letzter Konsequenz ihre Operationsfreiheit klar erhöhe.[305]

Ab 1955 trat Josef Kammhuber im Umfeld der Abteilung Luftwaffe zunehmend in Erscheinung. Da er während des Krieges mit dem Aufbau der Nachtjagdverbände der Luftwaffe betraut war, lag auf der Hand, dass er sich selbst in erster Linie als „Luftverteidiger" betrachtete. Kammhuber propagierte dementsprechend in den ersten Jahren im Dienst der Bundeswehr vor allem die Notwendigkeit einer starken Luftverteidigung durch die Luftwaffe. Seine frü-

---

[302] BArch, BW 9/3553, Studiengruppe Heimatverteidigung, Tgb. Nr. 638/54 geh., 22.10.1954.
[303] Ebd.
[304] BArch, BW 9/1902: Stellungnahme der Luftwaffe zu dem vorl. Entwurf „Allgemeine Grundsätze der Truppenführung", 27.3.1954.
[305] Ebd.

hen Gedankengänge dazu lassen sich mehreren Studien entnehmen, die er als externer Berater Mitte der 1950er Jahre im Auftrag des Amtes Blank verfasst hatte. Darunter war eine, die den Charakter einer frühen Luftverteidigungsdoktrin der Luftwaffe trug: „Einsatz und Führung der bodenständigen Luftverteidigung" von 1955. Dieses Dokument zeigt anschaulich auf, dass in Kammhubers Perzeption des Luftkrieges zwei Welten aufeinanderprallten. Zum einen waren da seine militärischen Erfahrungen des Luftkrieges zwischen 1939 und 1945, zum anderen die technischen und taktischen Veränderungen der militärischen Luftfahrt in der Nachkriegszeit. So warb Kammhuber beispielsweise noch 1955 für den massenhaften Einsatz von rund 1.200 Jagdflugzeugen in der Luftverteidigung: „Jäger dagegen kann man auch in MASSEN einsetzen und einem Masseneinflug, wie er vom Ostgegner zu erwarten wäre, kann auch nur wieder ein Masseneinsatz von Jägern entgegenwirken."[306] Diese Idee entsprach angesichts der enormen Preissteigerung und technischen Komplexität strahlgetriebener Flugzeuge bereits nicht mehr den Realitäten.[307]

Dennoch war Kammhubers Aussage grundsätzlich nicht falsch. Der Luftkrieg war seit jeher in erster Linie eine Materialschlacht, die von Zahlenverhältnissen geprägt war. Eine große Zahl von Jagdflugzeugen konnte durchaus die Erringung der Luftüberlegenheit garantieren, zumal klassische Flak-Geschütze als zweiter Akteur der Verteidigung nicht mehr relevant waren. Was Flugabwehrraketen hingegen künftig zu leisten imstande wären, ließ sich 1955 lediglich vermuten. Wahrscheinlich hielt Kammhuber deshalb so lange an seiner Idee von großen Jagdverbänden in der Luftwaffe fest.[308]

Kammhuber änderte um 1960 seine Meinung; dies hing wohl auch eng mit der Nuklearisierung der Luftwaffe zusammen.[309] Im Rahmen der Strategie der Massiven Vergeltung setzte Kammhuber auch im Bereich der Luftverteidigung zunehmend auf Atomwaffen und hier vor allem auf deren Anwendung im

---

[306] BArch, BL 1/1502, Josef Kammhuber: Einsatz und Führung der bodenständigen Luftverteidigung, S. 6 u. 2. 86, 22.3.1955.

[307] Doch selbst Johannes Steinhoff trat zu diesem Zeitpunkt noch für den Bau von günstigen Leicht-Jägern ein. Wenige Jahre später sollte er maßgeblich an der Einführung der F-104 in der Luftwaffe beteiligt sein, dem kompletten Gegenteil eines Billigflugzeuges, siehe: Die Situation der Europäischen Luftrüstung, in: Wehrkunde (3) 1955, S. 81-85.

[308] Es bleibt rein spekulativ zu vermuten, dass Kammhuber ein genaueres Verständnis für die technischen Details des modernen Luftkrieges fehlte und er deswegen noch lange Konzepte aus Zeiten des Weltkrieges vertrat. Immerhin gehörte er aber zu einer Generation von Offizieren, die ihre Ausbildung noch in einer Luftwaffe erhielten, die es für vernachlässigbar hielt, Generalstabsoffiziere dezidiert in technischen Fragen des Luftkrieges zu schulen. Boog: Führungsdenken, S. 187f.

[309] Als Zusammenfassung der Ansichten Kammhubers zur Luftverteidigung Mitte der 1960er Jahre siehe: Flugzeuge oder Raketen? Defensive oder offensive Luftverteidigung – Der technische Krieg – Blick in die Zukunft, in: Wehrkunde (8) 1966, S. 400-407.

Rahmen von Counter-Air-Einsätzen. Auch bodengestützte Luftabwehrraketen, wie die ab 1959 in die Luftwaffe eingeführte NIKE-Hercules, konnten atomar bestückt werden. Die faktische Nicht-Doktrin der Massiven Vergeltung[310] machte den Unterhalt teurer und aufwändiger Jagdgeschwader in großem Umfang überflüssig. An erster Stelle der Prioritätenliste der Luftverteidigung stand jetzt nicht mehr der Kampf, sondern vielmehr die nahtlose Abschreckung zum Zweck der Kriegsverhinderung. Diese konnte am ehesten durch die atomare Bewaffnung der Luftverteidigungsverbände der NATO in Europa erreicht werden. Falls es dennoch zum Äußersten, dem „General War", kommen sollte, dann war ein langwieriger Kampf um die Luftüberlegenheit nicht länger notwendig. Für die Luftwaffe ging es vielmehr darum, binnen eines kurzen Zeitfensters die eigenen Strike-Einheiten zum Gegenschlag starten zu lassen.

Kammhuber räumte 1955 selbst ein, wie fragil alle Bestrebungen zur Luftverteidigung im Angesicht eines Atomkrieges waren. Dennoch hielt er die Aufrechterhaltung einer grundsätzlichen Verteidigungsfähigkeit für unerlässlich, um den Gegner von der Idee eines Angriffes abzuschrecken.[311] Das eigene Gebiet sowie die eigenen Einsatzflugplätze mussten lediglich für wenige Stunden vor Luftangriffen geschützt werden. Für mehr reichten die Mittel der Luftverteidigung ohnehin nicht aus. Welche Herausforderungen nach dieser Zeit auf die Luftwaffe zukamen, ließ sich nicht mehr vorausplanen, sie lagen sprichwörtlich im nuklearen Nebel.

c) Angriff ist die beste Verteidigung – Das problematische Konzept Counter Air

Die Idee, eine gegnerische Luftstreitkraft möglichst dann schon auszuschalten, wenn sie sich noch nicht in der Luft befand, ist so alt wie der Luftkrieg selbst. Bereits im Ersten Weltkrieg hatte sich gezeigt, dass die Bekämpfung des Gegners ungemein erschwert war, wenn dieser seine Verbände bereits in die Luft bringen konnte. In diesem Fall war es notwendig, gegnerische Einheiten zu orten, abzufangen, zur Schwerpunktbildung zu veranlassen und dann in einer größeren Luftschlacht oder anhaltenden Verschleißgefechten aufzureiben. Ein solches Vorgehen band Unmengen an Material und Personal. Außerdem konnte so die völlige Vernichtung des Gegners nie sicher garantiert werden. Das oberste Gut des Luftkrieges, die Luftherrschaft, musste also fortwährend neu

---

[310] Resp. ihre Nichtanwendbarkeit.
[311] BArch, BL 1/1502, Josef Kammhuber: Einsatz und Führung der bodenständigen Luftverteidigung, S. 22, 22.3.1955.

erstritten werden. Einfacher war es hingegen, die gegnerischen Luftstreitkräfte direkt zu Beginn eines Konfliktes in einem überraschenden Angriff mitsamt ihren Flugplätzen zu vernichten, sie also sprichwörtlich „am Boden zu zerstören". Der Luftkrieg während des Zweiten Weltkrieges hatte diese These bestätigt. Alle am Krieg beteiligten Nationen versuchten im Idealfall als Erstes auf einem Schauplatz die gegnerische Luftwaffe mit Counter-Air-Einsätzen auszuschalten.[312] Solche Operationen waren selbstverständlich umso erfolgversprechender, je mehr Angriffsflugzeuge einer Luftwaffe zur Verfügung standen und je früher deren Einsätze beginnen konnten.

Die Entwicklung der Flugzeug- und Waffentechnik in der Nachkriegszeit brachte dann die Überspitzung dieser Einsatztaktik mit sich. Die Kombination von Überschallflug mit atomarer Bewaffnung ermöglichte eine noch größere Zerstörungswahrscheinlichkeit für Counter-Air-Einsätze; und dies bei einem deutlich geringeren Aufwand an Maschinen und Personal. Anders waren derartige Einsätze auch gar nicht mehr denkbar. Denn der Warschauer Vertrag besaß, vor allem auf dem Gebiet der DDR, ein hervorragendes Luftverteidigungssystem. Dort war ohne Rücksicht auf horrende Kosten ein Flächenschutz mit Flugabwehrraketen aufgebaut worden.[313] Ein massiver Einflug mit größeren Formationen an Bombern oder Jagdbombern mit konventioneller Bewaffnung war im Szenario eines Krieges zwischen NATO und Warschauer Vertrag für die westlichen Luftstreitkräfte nicht mehr möglich. Die Zerstörung eines Flugplatzes musste also im Idealfall unter Einsatz eines einzelnen Flugzeuges mit einer einzigen Atombombe gelingen. Counter Air war somit im Umfeld eines drohenden Nuklearkrieges eine erfolgversprechende Einsatzoption zur Sicherung des westeuropäischen Luftraumes.

Wie bereits im Fall der Luftangriffskräfte musste diese Konzeption im Bereich der Luftverteidigung, mit der zunehmenden Flexibilisierung des Kriegsbildes im Laufe der 1960er Jahre, an ihre Grenzen stoßen. Der grundlegende Hintergedanke der Flexible Response lag ja darin, einen begrenzten Konflikt mit dem Warschauer Vertrag möglichst auf konventioneller Ebene eindämmen zu können. Eine Eskalation – ganz gleich ob qualitativ oder quantitativ – lag nicht im Sinne der NATO. Unter diesen Bedingungen war das Konzept nuklearer Counter-Air-Einsätze nicht länger haltbar. Denn um wirkungsvoll zu sein, mussten dafür atomar bewaffnete Flugzeuge möglichst früh nach Konfliktbeginn bis tief in das gegnerische Hinterland einfliegen und dort mit Nuklearschlägen die Infrastruktur der gegnerischen Luftstreitkräfte ausschalten. Dies hätte mit hoher Wahrscheinlichkeit sofort zur nuklearen Eskalation des gesamten Konfliktes geführt und auch schlagartig die Optionen für eine diplo-

---

[312] Wehrmacht: L.Dv. 16 – Luftkriegführung, Art. 103 u. 104.
[313] Finke, Hüter des Luftraumes?, S. 300.

matische Beilegung begrenzter Konflikte verhindert.[314] Nuklearschläge im Herzen von Staaten wie der DDR, Polen oder der Tschechoslowakei, dabei womöglich gar in der Nähe von Großstädten, sprengten buchstäblich die Grenzen dessen, was sicherheitspolitisch noch unter einem begrenzten Konflikt zu verstehen war. Für die NATO-Luftstreitkräfte bedeutete dies, dass ihnen die politische Genehmigung für Counter-Air-Einsätze unter der neuen Doktrin der Flexible Response voraussichtlich nicht bei Beginn eines Konfliktes erteilt worden wäre.[315] Ohne Counter Air war aber die Ausschaltung der gegnerischen Luftwaffe nicht zu erreichen und folglich im Anschluss auch kaum noch die Luftüberlegenheit über dem Konfliktgebiet zu erringen.

Wohin eine derartige Situation führen konnte, hatten die Kampfhandlungen des Koreakrieges gezeigt. Dort herrschte zwischen 1950 und 1953 eine ganz ähnliche sicherheitspolitische Grundsituation vor. Die Einsatzflugplätze der nordkoreanischen Luftwaffe befanden sich nicht in Nordkorea selbst, sondern nördlich des Yalu-Flusses und damit auf chinesischem Staatsgebiet. Aus Angst vor einer Eskalation des Krieges durften US-amerikanische Luftwaffenverbände die Basen ihrer Gegner jedoch nicht direkt bekämpfen. Das Ergebnis waren langanhaltende und verlustreiche Luftkämpfe zwischen beiden Kriegsparteien in der sogenannten „Mig-Alley" im Norden Koreas. Allein, weil von Seiten Nordkoreas und Chinas keine weitreichenden Bomber gegen den Süden eingesetzt wurden und die Reichweite der Mig-15 als dominierendem nordkoreanischen Jagdflugzeug relativ gering war, konnten die UN-Truppen die Luftüberlegenheit entlang des 38. Breitengrades behaupten.

In Europa war Ähnliches aber nicht zu vermuten, denn wegen der dichten Besiedelung sowohl der Bundesrepublik als auch der DDR und der damit verbundenen Nähe strategisch wichtiger Ziele zu Bevölkerungszentren konnten selbst konventionelle Luftangriffe im Rahmen eines begrenzten Krieges verheerende Folgen nach sich ziehen. Außerdem fiel hier auch das Argument der begrenzten Reichweite moderner Jagdbomber weg. Das Gebiet der Bundesrepublik konnte von jedem gängigen Kampfflugzeug des Warschauer Vertrages binnen weniger Minuten komplett von Ost nach West durchflogen werden. Doch auch finanzielle Gründe sprachen gegen eine Durchführung von Counter-Air-

---

[314] Aus persönlichen Gesprächen mit mehreren Jagdbomber-Piloten der Bundeswehr aus diesem Zeitraum ist dem Verfasser bekannt, dass die Strike-Verbände spätestens ab Mitte der 1960er Jahre die Anweisung erhielten, im Konfliktfall nicht unmittelbar gegnerische Ziele in Osteuropa anzugreifen. Stattdessen sollten sie zuerst eine „Schleife" in Richtung Nordwesten bzw. über die Nordsee fliegen. So sollte der Politik noch ein knappes Zeitfenster zur Deeskalation offengehalten werden. Diese Aussage lässt sich jedoch weder durch Quellen noch Fachliteratur belegen.
[315] BArch, BL 1/4029: Fü L III: CINCENT's Air Operations Study Group, S. 1, 8.12.1969.

Einsätzen in begrenzten Konflikten: Ohne spezielle konventionelle Munition, die eine hohe flächendeckende Zerstörungswirkung garantierte, fiel das Einsatzkonzept alternativlos weg.[316]

Die Problematik verschärfte sich angesichts der einseitigen Ausrüstung der Luftwaffe zusätzlich. Dies betraf vor allem das Kosten-Nutzen-Verhältnis des Starfighters als Hauptwaffensystem der Luftwaffe. Bei ihm erkannte die Luftwaffenführung bereits 1965: „Als Träger konventioneller Waffen ist das System unwirtschaftlich."[317] Die F-104 blieb dennoch bis Anfang der 1970er Jahre weiterhin das Rückgrat der fliegenden Kampfverbände der Luftwaffe – ein Waffensystem also, das sich streng genommen allein zu nuklearen Angriffsaufgaben eignete.[318]

Der Wegfall der Option auf Counter-Air-Einsätze beraubte der NATO-Luftverteidigung eines ihrer wirkungsvollsten Instrumente der Kriegführung. Nach der Einführung der Flexible Response konnte daher im Rahmen eines begrenzten Krieges nur noch die direkte Verteidigung des eigenen Luftraumes betrieben werden. Damit blieb dem potenziellen Gegner jedoch die Initiative im Luftkrieg überlassen. Die NATO konnte nur noch reagieren und versuchen, zumindest den Luftraum über den eigenen Bodentruppen freizuhalten.

Der Verzicht auf Counter-Air-Einsätze wurde von den anderen Mitgliedern des Bündnisses allerdings durchaus verschieden beurteilt. Die USA und Großbritannien wollten sich von dem Prinzip nicht voreilig verabschieden. Gerade in der US-amerikanischen Luftkriegstheorie war Counter Air seit dem Zweiten Weltkrieg ein festes Element. So schlug AFCENT in einer Studie zur Luftverteidigung 1970 vor, auch in begrenzten Konflikten in einem gewissen Umfang Counter-Air-Einsätze zu fliegen. Damit sollten vor allem die eigenen Strike-Verbände geschützt und auch die gegnerische Luftwaffe früh ausgeschaltet werden. Falls derlei Counter-Air-Einsätze keinerlei Wirkung zeigen sollten, schlug AFCENT vor, andere Einsatzarten „auszuprobieren".[319] Die Idee dahinter war aus US-amerikanischer Perspektive nicht abwegig. Ohne sich auf eine Einsatzart festzulegen, konnte die NATO nach Konfliktbeginn mit ihren Luftstreitkräften flexibel reagieren und somit für den Gegner unberechenbar bleiben. Der Führungsstab der Luftwaffe lehnte derlei Vorschläge dennoch ab: „Für ausgedehnten Counter Air fehlen uns die Kräfte und vermutlich auch die frühzeitige politische Genehmigung, d.h. in der Regel wird die NATO in dieser

---

[316] Lemke, Konzeption und Aufbau der Luftwaffe, S. 219.
[317] BArch, BL 1/3508: Fü L III: Untersuchung der Grundlagen für die Konzeption der Luftwaffe, S. 43, 22.10.1965.
[318] Siehe: Starfighter's Erben. MRCA mit gestutzten Flügeln?, in: Loyal (8) 1970, S.13-15, hier: S. 14f.
[319] BArch, BL 1/4029: Fü L III: CINCENT's Air Operations Study Group, S. 2, 8.12.1969.

Operationsart nur reagieren."[320] Das nationale Risiko war für die Bundesrepublik schlicht zu groß, wenn die NATO mit Angriffen gegen Flugplätze des Warschauer Vertrages schon kurz nach dem Beginn von Kampfhandlungen das Eskalationsrisiko in die Höhe trieb. Denn sollte es zu einer Vergeltung von Seiten des Ostens kommen, dann würde diese in erster Linie Ziele auf westdeutschem Boden treffen.

Die Entwicklung des Themas Counter Air ist symptomatisch für den umfassenden Doktrinwandel auf der Ebene der NATO-Luftstreitkräfte Ende der 1960er Jahre. Das ehemals eiserne Gebot, die gegnerische Luftwaffe direkt bei Kriegsbeginn auf ihren Plätzen zu vernichten, galt nicht mehr in einer Welt, in der sich kleine Konflikte schnell zur nuklearen Vernichtung ausweiten konnten. Luftstreitkräfte mussten somit lernen, umzudenken und neue Einsatzverfahren und Techniken zu entwickeln. Dies geschah in der NATO letztlich auch in den 1980er Jahren. Späte US-amerikanische Luftkriegskonzepte des Kalten Krieges wie SEAD[321] oder FOFA[322] versuchten, die gegnerischen Luftstreitkräfte direkt anzugreifen, ohne sich mit deren Luftverteidigungsmechanismen auseinandersetzen zu müssen.[323] Ziel war es, nicht mehr eine Luftwaffe komplett zu vernichten, sondern sie durch chirurgische Schläge gegen ihre Führungseinrichtungen zu „enthaupten". Angewendet wurden derlei Konzepte aber erst nach dem Fall der Mauer, während der Operation Desert Storm 1991.[324]

d) Das Dilemma der Luftverteidigung über dem Bundesgebiet

Obwohl die integrierte NATO-Luftverteidigung in Mitteleuropa in den 1960er Jahren zunehmend aufwuchs, klafften gerade in diesem Bereich Anspruch und Realität auf erschreckendem Niveau auseinander. Die Luftverteidigung entwickelte sich zum Politikum innerhalb des Bündnisses und erwies sich als Prüfstein für die ohnehin fragile Kohärenz der europäischen Bündnismitglieder. Der Aufbau einer integrierten Luftverteidigung war allein schon aus finanziellen Gründen ein Mammutprojekt. Außerdem war man sich innerhalb der NATO keinesfalls darüber einig, inwiefern die gemeinsam unterhaltene Luftverteidi-

---

[320] BArch, BL 1/4029: Betr.: AFCENT-Studie zur Luftverteidigung, 10.3.1970.
[321] Suppression of Enemy Air Defences, also Unterdrückung der gegnerischen Luftabwehr durch direkte Angriffe auf ihre Führungssysteme.
[322] Follow-on-Forces-Attack, Bekämpfung der zweiten und dritten Welle gegnerischer Verbände in der Tiefe des Operationsgebietes.
[323] McCrabb: The Evolution of NATO Air Doctrine, S. 454f. u. S. 458f.
[324] Vgl.: Fadok: John Boyd and John Warden, S. 357-398.

gung mit den individuellen, sicherheitspolitischen Zielen der Mitgliedsnationen in Deckung gebracht werden konnte.

Die Krise der NATO manifestierte sich hier an mehreren Punkten: Zuallererst erwies sich die technische Umsetzung einer modernen Luftverteidigung im Zeitalter von Atomwaffen und Strahltriebwerken als Herausforderung. Das System sollte außerdem auch gegenüber einem numerisch überlegenen Gegner noch wirkungsvoll sein. Das klassische Element der Luftverteidigung, das Jagdflugzeug, konnte allein diesen Anforderungen nicht mehr gerecht werden. Flugzeuge wurden zudem immer komplexer, teurer und wartungsintensiver. Außerdem erwies sich ihre diffizile Infrastruktur mit ausgebauten Flugplätzen, Wartungs- und Versorgungseinrichtungen als verwundbare Schwachstelle. Einen Ausweg schien die neue Technologie der Flugabwehrrakete zu bieten. Derlei Waffensysteme übertrafen selbst die leistungsfähigsten Kampfflugzeuge bei weitem in den Bereichen Geschwindigkeit und Einsatzhöhe.[325] Allein mit ihnen war es im kleinen Luftraum über der Bundesrepublik scheinbar möglich, angreifende Gegnerverbände innerhalb des kurzen Zeitfensters zwischen Erfassung und Erreichen des Rheins zu bekämpfen.

Doch auch im Bereich moderner Flugabwehrraketensysteme bewahrheitete sich die Hoffnung nicht, durch die neuen Waffen nur einen Bruchteil der Kosten im Vergleich zu einer Verteidigung mit Jagdflugzeugen ausgeben zu können. Zwar kostete eine einzige NIKE-Herkules-Rakete Anfang der 1960er Jahre rund 500.000 DM, ein F-104G Starfighter hingegen rund sechs Millionen DM.[326] Doch handelte es sich bei den Raketen um Einweg-Waffen und ihre Umgebung – Gefechtsstände, Radargeräte und das zahlreiche Personal – war ebenfalls teuer. Der Aufbau des deutschen Anteils am FlaRak-Gürtel der NIKE-Stellungen der NATO verschlang also mindestens 300 Millionen DM allein für die Grundausrüstung der 24 Batterien mit jeweils 25 Raketen als Munition.[327] Reserven waren hier noch gar nicht mit eingerechnet. Legt man die Zahlen des SPIEGEL von 1957 zu Grunde, wonach der Gesamtpreis einer Batterie bei 60 Millionen DM lag, hätte der gesamte Aufbau nur der NIKE-Verbände in der Bundeswehr rund 1,4 Milliarden DM gekostet.[328]

---

[325] Zum Vergleich: Dienstgipfelhöhe; Höchstgeschwindigkeit F-104G/NIKE-Hercules: 15.200 m/45.000 m; Mach 2/Mach 3,65. Quelle: http://www.geschichte.luftwaffe.de/portal/a/geschlw/start/waffe/ (Stand: 29.11.2016).

[326] Der SPIEGEL gab 1957 den Gesamtpreis einer FlaRak-Batterie mit 60 Millionen DM an. Kammhuber. Siehe: Der kleine General, in: Der SPIEGEL (50) 1957, S. 18-32, hier: S. 19.

[327] Vgl. dazu: BArch, BL 1/3508: Fü L III: Untersuchung der Grundlagen für die Konzeption der Luftwaffe, S. 41, 22.10.1965.

[328] Die Jährlichen Betriebskosten eines NIKE-Bataillons beliefen sich laut Loyal zudem auf rund 6 Millionen DM, die eines einzelnen Starfighters auf 620.000 DM. Siehe: Kampfkraft. Die Betriebskosten der Bundeswehr, in: Loyal (9) 1970, S. 12-14, hier: S. 14.

Allerdings konnte die teure NIKE keine Tiefflieger bekämpfen. Hierzu musste ein zweites, völlig neues Raketen-System entwickelt werden, die US-amerikanische Flugabwehrrakete HAWK.[329] Ihre Indienststellung verzögerte sich jedoch wegen technischer Probleme bis 1963 in der Bundeswehr. Bis dahin klaffte also eine eklatante Lücke im Bereich der Tieffliegerabwehr der NATO in Mitteleuropa. Sowohl für HAWK als auch NIKE musste zudem Land auf dem Boden der Bundesrepublik bereitgestellt werden. Dessen Beschaffung erwies sich, ähnlich wie beim Aufbau der Einsatzflugplätze der Jabo-Verbände, als extrem langwierig und kostenintensiv.[330]

In der Summe dieser technischen und administrativen Probleme erwies sich der Aufbau der integrierten Luftverteidigung und ihrer Kernelemente, der Flugabwehrraketenverbände, für die NATO als hochproblematisch. Die hohen Kosten des Projekts zwangen das Bündnis in letzter Konsequenz auch dazu, den angestrebten Flächenschutz an Raketenstellungen selbst auf dem Frontgebiet der Bundesrepublik aufzugeben. 1955 hatte Josef Kammhuber noch ein solches „Schachbrettmuster" an Stellungen als absolut notwendig erachtet, um eine kontinuierliche Bekämpfung angreifender Bomberverbände des Warschauer Vertrages sicherzustellen.[331] Wäre ein derartiges System auf bundesdeutschem Gebiet tatsächlich aufgebaut worden, wären die Chancen groß gewesen, dass Westdeutschland tatsächlich als eine Art „Sieb" einen Großteil der angreifenden Luftstreitkräfte des Gegners hätte abfangen können.[332] Die Sicherheit der restlichen westeuropäischen Bündnisnationen hätte sich deutlich erhöht. Doch für einen derartigen Flächenschutz fehlte es der Allianz vor allem an politischem Willen, um die erforderlichen Geldmittel bereitzustellen.[333] Stattdessen war eine Zwischenlösung das Ergebnis, die besagten beiden Raketen-Sperrriegel mit NIKE- und HAWK-Raketen. Diese wurden durch die zahlenmäßig beschränkten Jagdverbände der NATO im Bereich AIRCENT ergänzt.

In letzter Konsequenz war das Sperrriegel-Konzept, das immerhin bis zum Fall der Mauer Bestand haben sollte, nicht viel mehr als ein politisches Symbol der Abschreckung. Sein tatsächlicher militärischer Einsatzwert war hoch umstritten. Solange jedoch noch das strategische Konzept der Massiven Vergeltung in der NATO galt, sollten die Sperrriegel angreifende Verbände zur Schwerpunktbildung zwingen. Wenn sich diese dann in einem bestimmten Be-

---

[329] Siehe: Neun Hawk-Bataillone für die deutsche Luftwaffe, in: Wehrkunde (11) 1963, S. 622 sowie: Das Flugabwehr-Raketensystem HAWK, in: Soldat und Technik (6) 1967, S. 304-306.
[330] Lemke: Konzeption und Aufbau der Luftwaffe, S. 428.
[331] BArch, BL 1/1502, Josef Kammhuber: Einsatz und Führung der bodenständigen Luftverteidigung, S. 22, 22.3.1955.
[332] Ebd., S. 12.
[333] Krüger: Die Entstehung der NATO-Luftverteidigung, S. 556.

reich sammelten, um den Riegel zu durchbrechen, wären sie durch massive Atomschläge in der Luft vernichtet worden. Ziel der NATO-Luftverteidigung in einem angenommenen „General War" war weniger die komplette Abwehr gegnerischer Luftangriffe, sondern vor allem deren Verzögerung. Damit sollte den eigenen Strike-Verbänden Zeit erkauft werden, um zu einem erfolgreichen Gegenschlag starten zu können, bevor deren Heimatflugplätze vernichtet wurden. Mit dem Strategiewechsel der Allianz fiel diese Hauptaufgabe der Luftverteidigung allerdings weg. Sie verwandelte sie sich in eine viel flexiblere Abwehrbereitschaft.

In der Flexible Response musste die Luftverteidigung nicht mehr nur mit einem erwarteten Masseneinflug gegnerischer Jagdbomber fertig werden, sondern auch begrenzte Angriffe abwehren können. Dafür war das System zweier Raketenriegel allerdings denkbar ungeeignet. Gelang es dem Warschauer Vertrag, nur an einer einzigen Stelle eine Bresche in die Riegel zu schlagen, stand ihm theoretisch der Weg ins westeuropäische Hinterland offen. Den Jagdverbänden der NATO, die in diesem Fall in Form einer Feuerwehr zur Verstärkung des betroffenen Frontabschnittes eingesetzt werden sollten, fehlte es an Durchhaltevermögen – also an Flugzeugen. Nach wenigen Tagen waren ihre Kräfte in einem konventionellen Konflikt verschlissen.[334] Für die Flugabwehrraketentruppe sah die Situation ähnlich aus. Sowohl unter konventionellen als auch atomaren Bedingungen reichte die Munition der NIKE- und HAWK-Batterien bei einer voll ausgelasteten Zielbekämpfung für maximal 45 Minuten.[335] Spätestens dann mussten die Verbände mit Nachschub versorgt werden, vornehmlich aus der Luft durch Transporthubschrauber. Ob diese Versorgung allerdings unter den Bedingungen eines heftigen Kampfes, eventuell sogar mit atomaren Waffen, überhaupt möglich gewesen wäre, konnte Mitte der 1960er Jahre nur fraglich sein. Dass zudem die NIKE-Herkules auf ortsfeste Stellungen angewiesen und damit einer schnellen Vernichtung nach Beginn der Kampfhandlungen ausgeliefert war, limitierte die Wirksamkeit der Flugabwehrraketen-Bataillone auf dem Gebiet der Bundesrepublik zusätzlich.

Wie fragil sich die eigene Luftverteidigung im Europa der 1960er Jahre darstellte, war innerhalb der NATO durchaus bekannt. Es war aber eher ein theoretisches Problem, zumindest solange an der Strategie der Massiven Vergeltung festgehalten wurde. Die Luftverteidigung stellte einen Minimalkonsens des Bündnisses dar. Sie ermöglichte eine wirkungsvolle Abschreckung gegenüber dem Warschauer Vertrag, weil sie zumindest im Falle einer großangelegten Of-

---

[334] Ebd., S. 548f. u. S. 556.
[335] BArch, BL 1/3508: Fü L III: Untersuchung der Grundlagen für die Konzeption der Luftwaffe, S. 28, 22.10.1965.

fensive während eines Atomkrieges den Luftstreitkräften des Ostens schwere Verluste zufügen konnte.

Gemäß der Luftverteidigungsdoktrin der NATO und auch den nationalen Sicherheitsinteressen der Bundesrepublik war die Luftverteidigung dennoch hochgradig defizitär.[336] Dies drückte sich vor allem im Bereich ihrer Wirksamkeit gegenüber den zu schützenden Objekten und der westdeutschen Zivilbevölkerung aus. Angesichts eines drohenden Atomkrieges, dessen Opferzahl man innerhalb der NATO mit bis zu 160 Millionen Toten nur für den europäischen Kriegsschauplatz annahm,[337] waren alle Versuche, eine effektive und zugleich kosteneffiziente Luftabwehr aufzubauen, von vornherein zum Scheitern verurteilt. Das „schmale Handtuch" Bundesrepublik ließ sich nicht wirkungsvoll schützen. Die maximale Vorwarnzeit der NATO-Alarmrotten gegenüber angreifenden Bomberverbänden lag selbst bei einer unbehindert funktionierenden Luftraumüberwachung bei gerade einmal 13 Minuten.[338] Zwischen dem Grenzübertritt dieser Verbände und dem Erreichen des Rheins, also einer Distanz von maximal 280 Kilometern, lagen weiterhin nur 14 Minuten, in denen der Angreifer bekämpft werden konnte. Somit waren sämtliche militärische Einrichtungen als auch Ballungszentren der Industrie auf westdeutschem Gebiet binnen maximal 25 Minuten erreichbar.[339]

Die Situation verschärfte sich sogar noch, wenn die Luftstreitkräfte des Warschauer Vertrages zu massiven Tieffliegerangriffen übergingen. In diesem Fall hätten sie die Erfassungsbereiche der NATO-Luftverteidigung unterflogen und so die Vorwarnzeit weiter verringert. Gerade dies war im Kriegsfall zu befürchten. Denn die in Mitteleuropa stationierten Luftangriffskräfte der Sowjetunion und ihrer Verbündeten bestanden zu über 70% aus Jagdbombern,[340] also einem Flugzeugtyp, der genau für diese Art von Angriff prädestiniert war, zumal wenn er mit taktischen Nuklearwaffen ausgerüstet war. Komplett pessimistisch waren die Aussichten zudem für die Abwehr ballistischer Raketen. Bei einem Angriff mit derlei Waffen lag die Vorwarnzeit faktisch bei null. Außerdem verfügte die NATO über keinerlei Mechanismen, um Raketen nach ihrem Start noch abwehren zu können. Die weltweite Einführung ballistischer Atom-

---

[336] Die erste Luftverteidigungsdoktrin der NATO war die 1953 in Kraft getretene STANAG 3090. Sie war ein Führungsdokument der USAF, welches noch auf der Luftkriegslehre des Zweiten Weltkrieges basierte. Die Vorschrift war bei ihrer Einführung in der Allianz bereits hoffnungslos veraltet, diente aber als Provisorium beim Aufbau der integrierten Luftverteidigung. Lemke: Konzeption und Aufbau der Luftwaffe, S. 129f.
[337] Siehe: Waffensysteme: Sieg der Roboter, in: Der SPIEGEL (12) 1964, S. 95.
[338] Krüger: Die Entstehung der NATO-Luftverteidigung, S. 491.
[339] BArch, BL 1/3508: Fü L III: Untersuchung der Grundlagen für die Konzeption der Luftwaffe, S. 24f., 22.10.1965.
[340] Ebd., S. 64.

raketen in die Streitkräfte in den 1960er Jahren führte den Wandel des Kriegsbildes im Luftkrieg so auf die Spitze.[341]

Ein flächendeckender Schutz war mit den begrenzten Möglichkeiten der Luftabwehr in der Bundesrepublik folglich nicht zu erreichen. Die NATO zog daraus drastische Konsequenzen. Die wenigen verfügbaren Mittel wurden deshalb allein zum Schutz der kritischen, militärischen Infrastruktur in Westdeutschland zusammengezogen. Vor allem die eigenen Strike-Verbände sollten durch Objektschutz und Jagdabwehr möglichst lange gegen Angriffe geschützt werden. In der Folge bedeutete diese Schwerpunktbildung der Luftverteidigung aber, dass ein Großteil der westdeutschen Bevölkerungszentren der Gefahr von Luftangriffen weitestgehend schutzlos preisgegeben wurde.[342] Ihr Schutz war allein schon auf Grund der gewaltigen Fläche einer Großstadt kaum zu gewährleisten. Zwar lag die Verantwortung für den zivilen Luftschutz nicht allein in den Händen der NATO, sondern in denen der jeweiligen nationalen Institutionen, doch auch diese hatten nur wenige Wirkungsmöglichkeiten. Natürlich gab es in Großstädten wie Hamburg, München oder Berlin Schutzräume für mehrere tausend Zivilisten.[343] Auch standen der politischen Führungsebene der Bundesrepublik Schutzbunker zur Verfügung. 97% der Bundesbevölkerung konnten allerdings mit keinem wirkungsvollen Schutz rechnen.[344] Ihre Fluchtmöglichkeiten wären zudem durch die kurze Vorwarnzeit minimiert gewesen. Zwar waren die Verlustprognosen im Bereich der Zivilbevölkerung im Falle einer konventionell geführten „Limited Aggression" in Europa deutlich geringer, doch auch diese Sicherheit war trügerisch. Da die NATO schnell in die Defensive gedrängt werden konnte und auch hier wieder die wichtigen Strike-Verbände nach wenigen Tagen der Gefahr der Vernichtung anheimgefallen wären, blieb der Allianz nur die Möglichkeit der nuklearen Eskalation, in der Hoffnung, dadurch den Konflikt zu beenden. Gelang dies nicht, galten mit hoher Wahrscheinlichkeit wieder die Zerstörungsprognosen des „General War".

Die vorhandenen Mittel der Luftverteidigung der NATO waren also mehr Symbol als tatsächliche Waffe. Faktisch war die Allianz in Mitteleuropa bis 1970 nie in der Lage, ihre eigene Bevölkerung wirkungsvoll zu schützen. Sie war nicht einmal in der Lage, ihre eigenen militärischen Verbände zu schützen.

---

341 Siehe: Bemannte Flugzeuge oder Raketen?, in: Wehrkunde (9) 1957, S. 465-471, hier: S. 471.
342 Krüger: Die Entstehung der NATO-Luftverteidigung, S. 493f.
343 Siehe: Passiver Bevölkerungsschutz, in: Wehrkunde (3) 1959, S. 130-137, hier: 130f.
344 Thoß: NATO-Strategie und nationale Verteidigungsplanung, S. 690.

IV. Zusammenfassung

Am Ende dieser Arbeit steht ein Betrachtungszeitraum von einundzwanzig Jahren, beginnend mit sechs Jahren der Planungs- und Konzeptionsarbeit für die neuen westdeutschen Luftstreitkräfte. Diese startete mit der Himmeroder Konferenz im Oktober 1950 und endete mit dem tatsächlichen Aufstellungsbeginn der Luftwaffe im Januar 1956. Es folgten weitere 15 Jahre des Aufbaus der Luftwaffe, und damit eine Phase mit völlig neuen Herausforderungen. Administrative und Personalprobleme, (Aus-)Rüstungsfragen und Beschaffungsskandale, Spannungen innerhalb des Bundesverteidigungsministeriums wie auch des Bündnisses und nicht zuletzt ein kompletter und komplexer Strategiewandel der NATO kennzeichneten diese Zeit.

Es erscheint ambitioniert, in einem derart großen Betrachtungszeitraum jene drei doktrinären Fragen zu beantworten, welche in der Einleitung vorgestellt wurden: *„Wer sind wir als militärischer Verband?", „Wie lautet unser Auftrag?"* und *„Wie wollen wir diesen Auftrag erfüllen?"*

Dennoch eignet sich keine andere Phase der Geschichte der Luftwaffe im Zeitalter der Blockkonfrontation so gut dafür, wie eben dieser Betrachtungszeitraum, die Jahre 1956 bis 1970/71. In keinem anderen Zeitabschnitt waren die Herausforderungen an die neue Luftwaffe derart groß. Und, so lässt sich vermuten, keine andere Phase in ihrer Geschichte bedingte einen derart umfassenden Lernprozess für die jungen Luftstreitkräfte der Bundesrepublik – und keine hatte so weitreichende Folgen für sie selbst.

Zur ersten doktrinären Frage: *Wer war nun also die deutsche Luftwaffe in der Phase ihres Aufbaus bis 1971?* Den Führungsdokumenten nach lässt sich die Frage einfach beantworten: Eine eigenständige Teilstreitkraft innerhalb der Bundeswehr, die in der Lage war, ihre Operationen auf nationaler Ebene selbstständig zu planen und durchzuführen! Den alles bestimmenden Handlungsrahmen für die Luftwaffe bildete aber die NATO. Sie agierte nicht nur als übergeordnete militärische wie auch politisch-supranationale Weisungsebene für die Luftstreitkräfte, sondern stellte auch das Korsett der maßgebenden, operativen Strukturen. Mit ihren Luftflotten, multinationalen Führungsstrukturen und Gefechtsständen sowie letztlich der zentralen Figur des SACEUR und seinem Hauptquartier SHAPE war die Allianz zu jeder Zeit der unumstrittene Takt- und Befehlsgeber für die Luftwaffe.

Dass die Luftwaffe auf nationaler Ebene eine hohe Eigenständigkeit für sich reklamierte, war die zentrale doktrinäre Aussage ihrer Führungsdokumente. Heute mutet es als schiere Selbstverständlichkeit an, dass eine Luftwaffe als eigene Teilstreitkraft organisatorisch unabhängig neben ihren Schwesterstreitkräften Heer und Marine existiert. Als diese Frage jedoch Mitte der 1950er Jahre beim Aufbau der Bundeswehr zu beantworten war, musste sich die Führungsebene der künftigen Luftwaffe, hier vor allem ihre Inspekteure General Josef Kammhuber und Generalleutnant Werner Panitzki, diese Position hart erkämpfen. Zu sehr hatten die Erfahrungen des vergangenen Krieges gezeigt, wie schnell die Luftwaffe zu einem stumpfen Hilfsinstrument verkommen konnte, wenn sie im taktischen Einsatz zu sehr den Vorstellungen des Heeres dienen musste. Die hohen Verlustzahlen an Material und Personal der Wehrmachtluftwaffe bei der Luftnahunterstützung oder zum Schutz der Operationsfreiheit des Heeres demonstrierten den Blutzoll, den Luftstreitkräfte bei einer derartigen Unterwerfung unter Heeresbelange zu zahlen hatten. Eine Konzentration auf jenen Einsatzbereich, welcher gerade Luftwaffengenerälen der frühen Bundeswehrzeit am ehesten am Herzen lag, der Luftverteidigung, war aber nur dann möglich, wenn die eigene Teilstreitkraft eine hohe Eigenständigkeit besaß.

Die Debatten der Luftwaffenführung mit dem Heer um ihre Selbstständigkeit und personelle wie materielle Ausrüstung in der Konzeptionsphase der Luftwaffe waren aber keineswegs eine bundesdeutsche Besonderheit. Vielmehr führte man in der Bundeswehr nun eine ähnliche Diskussion, wie sie US-Streitkräfte in den ausgehenden 1940er Jahren geführt hatten. Anders gesagt: Die „New Look"-Debatte – befeuert durch die Nuklearisierung des Kriegsbildes und insbesondere die hierfür dominante Rolle von Luftstreitkräften – fand nun in verkleinerter Form auch in Deutschland statt. So war es dann auch nicht verwunderlich, dass diese Diskussion um die Selbstständigkeit der Luftwaffe nicht auf nationaler Ebene entschieden wurde, sondern von USAF und RAF, welche 1952 die Autonomie der deutschen Luftwaffe vom Heer quasi diktierten.

Mit diesem Diktum war zwar die Entstehung der Luftwaffe als eigenständiger Teilstreitkraft beschlossen – die Diskussion um das Ausmaß ihrer Unterstützungsleistungen für den Landkrieg waren damit aber noch nicht beendet. Diese spannte sich über den gesamten Betrachtungszeitraum dieser Arbeit und endete mit Sicherheit auch 1971 nicht.[345] Lediglich in der Phase der Massiven Vergeltung, mit dem Kriegsszenario eines möglicherweise großflächigen Nuklearkrieges, geführt durch Luftstreitkräfte, gab es aus Sicht der Heeres-

---

[345] Dementsprechend wollte sich das Heer mit der Aufstellung von Heeresfliegerverbänden und der Nutzung eigener Hubschraubereinheiten in den späten 1960er Jahren in Teilen de facto unabhängig von der Luftwaffe machen. Siehe: Blütenträume?, in: Loyal (11) 1970, S. 20f.; Kampfhubschrauber: Projekt der Zukunft?, in: Loyal (11) 1971, S. 3-5 sowie: Revolution aus der Luft, in: Loyal (11) 1971, S. 10f.

führung kaum Verhandlungsspielraum mit der Luftwaffenführung. Konventionelle Unterstützungsleistungen konnte und wollte die Luftwaffe dem Heer bis 1967 nur in sehr beschränktem Umfang bieten.[346] Dazu fehlte es an Personal, Ausbildung und Munition – und letztlich auch an geeigneten Luftfahrzeugen. Denn bis zum Strategiewandel der NATO 1967/68 war die Luftwaffe schlichtweg einzig und allein um einen zentralen Kern herum konstruiert – die „Bombe".

Wie stand es nun um die Kernaufgaben der Luftwaffe? Wie definierte sie Luftangriff und Luftverteidigung bis zum Beginn der 1970er Jahre?

Der Luftangriff spielte in den ersten Jahren des Bestehens der Luftwaffe nur eine untergeordnete Rolle. Die Luftstreitkräfte hatten aber gelernt, sich von den überkommenen Konzepten des land- oder seekriegsorientierten Luftkrieges, die noch bis 1945 galten, zu verabschieden. Diese Tatsache ist insbesondere deshalb bemerkenswert, weil die Führungsgenerationen nahezu aller Luftwaffen eben noch aus genau dieser Zeit stammten und ihre Kampferfahrung dort gesammelt hatten. Allerdings muss hier auch klargestellt werden, dass sich dieses Umdenken in erster Linie auf die allgemeine Natur des Luftkrieges in der Nachkriegszeit bezog. Damit waren weniger die tatsächlichen taktischen Einsatzkonzepte für den Luftangriff in der Luftwaffe gemeint. Diese wurden in den ersten Jahren ihres Bestehens und mangels Alternativen nahezu deckungsgleich von der Reichsluftwaffe übernommen, zumindest solange die Einsätze rein konventionell geplant waren.

Die Realitäten des Luftkrieges verschoben den Schwerpunkt der (westdeutschen) Luftwaffenkonzeption ab 1958 klar in Richtung „Strike", dem Angriff mit nuklearer Munition. Nun plötzlich war die Hauptaufgabe der Luftwaffe weniger die Luftverteidigung, sondern die Aufrechterhaltung eines möglichst umfassenden Abschreckungspotentials durch nuklearfähige Angriffswaffen. Dieser Anpassungsprozess war kompliziert, teuer und vor allem schmerzhaft für die Luftwaffe; der Starfighter wurde in der deutschen Öffentlichkeit zum pauschalisierten Symbol dafür.[347]

---

[346] Siehe auch: Die Zusammenarbeit Heer – Luftwaffe, in: Wehrkunde (10) 1963, S. 534-540.
[347] Claas Siano fasste jüngst den Kern der Krise und ihre Bedeutung für die Geschichte der Bundeswehr treffend zusammen: „Die Starfighter-Krise war damit ein auf mehreren Ebenen angesiedeltes Systemproblem. Sie war eine Systemkrise der Luftwaffe und gleichermaßen eine politische Führungskrise im Bundesministerium der Verteidigung […]. Der Führungsstab der Luftwaffe besaß daran einen erheblichen Anteil." Siano: Die Luftwaffe und der Starfighter, S. 348.

Selbstverständlich spiegelten die deutschen Luftstreitkräfte mit der Hinwendung zur nuklearen Abschreckung nur den allgemeinen Zeitgeist der gültigen NATO-Doktrin wider. Doch die besondere Lage der Bundesrepublik gab den Strike-Verbänden in Deutschland eine ganz eigene Facette. Im Kriegsfall waren sie die unmittelbaren Träger der nuklearen Eskalation. Obwohl sie auf strategischer Ebene ein Teil des „Schildes" der NATO waren, kehrten sich aus bundesdeutscher Sicht die Verhältnisse um. Im kleineren Fokus Mitteleuropas war die Luftwaffe mit ihren Jagdbombern vielmehr selbst ein „Schwert". Dies weniger aus militärischen, als vielmehr aus politischen Erwägungen. Ihr Einsatz sollte sicherstellen, dass selbst ein konventioneller Angriff des Warschauer Vertrages – wenn er durch die Abschreckung nicht verhindert werden konnte – möglichst rasch auf ein nukleares Niveau eskalierte – und damit ein schnelles Kriegsende herbeiführen würde oder die umfassende Vernichtung.[348]

Je schneller aus bundesdeutscher Sicht diese Schwelle zum Nuklearkrieg erreicht würde, desto eher war zu vermuten, dass beide Blöcke vor einer großflächigen nuklearen Eskalation absehen würden. Diese musste letztlich auch die Existenz ihrer eigenen Nationen in Frage stellen.

So, und nur so, ließ sich das Überleben der Bundesrepublik und ihrer Bevölkerung aus Sicht der Luftwaffenführung sicherstellen. Kam es dennoch zu einer Fortführung der Kampfhandlungen, war es nur eine Frage von wenigen Tagen, bis es aus westdeutscher Sicht und auch für die beteiligten eigenen Piloten rein gar nichts mehr zu verteidigen gab.

Der Strategiewechsel der NATO warf dann 1967 das fragile Konzept der nuklearen Abschreckung, auf das sich die Luftwaffe mühsam eingestellt hatte, in weiten Teilen über den Haufen. Im Bereich des Luftangriffes rückte nun wieder die Heeresunterstützung an die erste Stelle. Da sich die Luftwaffenführung allerdings immer noch nicht auf diese verlustreiche Aufgabe einlassen wollte, verlegte sie sich bei ihrer taktischen Einsatzkonzeption in den 1970er Jahren eher auf die Abriegelung des Gefechtsfeldes – in der Tiefe des Raumes. Frei nach dem Motto: „Wir halten das Gros des Gegners fern, das Heer bekämpft den Rest weitestgehend alleine", begann die Luftwaffe nun, an Waffensystemen und Munition für diese Aufgabe zu arbeiten.[349] Das beste Beispiel hierfür war der für diese Aufgabe maßgeschneiderte und tiefstflugfähige Panavia Tornado, der die dazu notwendige Bewaffnung erhielt. Dass er gegenwärtig

---

[348] Siehe: Kernwaffen. Weg von Europa?, in: Loyal (1) 1972, S. 14f.
[349] Siehe: General Johannes Steinhoff. Die militärischen Probleme der NATO in den siebziger Jahren, in: Loyal (8) 1972, S. 20-23.

noch immer eingesetzt wird, ist sicherlich seiner damals vorausschauenden Konstruktion, vielmehr aber doch finanziellen Zwängen geschuldet.

Mit der Implementierung der MC 14/3 begann aus militärischer Sicht die eigentlich anspruchsvolle Phase der Blockkonfrontation. Die Bundeswehr musste nun beides können: nuklear abschrecken und zugleich konventionell kämpfen. Ob es ihr, und damit auch der Luftwaffe, jemals gelungen wäre, diese beiden Ziele bis zum Ende der Blockkonfrontation wirklich zufriedenstellend zu erreichen, darf und muss bezweifelt werden.

Auch die Luftverteidigung durchlebte einige Veränderungen in den ersten Jahren der Bundeswehrgeschichte. Bei der Gründung der Luftwaffe hatte die Luftverteidigung aus der Sicht des Führungsstabes der Luftwaffe die höchste Priorität unter den Einsatzaufgaben. Diese Verteidigung musste in Anlehnung an das Konzept der Vorneverteidigung mit konventionellen Mitteln unmittelbar nach Beginn der Kampfhandlungen greifen und zwar idealerweise schon direkt auf Höhe der innerdeutschen Grenze. Den Generälen standen wohl noch zu deutlich die Bilder der Bombenangriffe gegen deutsche Städte in der letzten Phase des Zweiten Weltkriegs vor Augen. Und es erscheint durchaus glaubhaft, dass gerade Kammhuber bei seinen Luftwaffenkonzeptionen Mitte der 1950er Jahre den ehrlichen Wunsch zu einer unbedingten Verteidigung des Bundesgebietes und seiner Bürger vor Augen hatte.

Die Konsequenz der Hinwendung zum atomaren Angriff in der Ausrichtung der Luftwaffe ergab allerdings auch, dass bei anderen Einsatzaufgaben klare Kürzungen in Kauf genommen wurden. Dies betraf insbesondere die Luftverteidigung, deren Gürtel-Konzept eher politische Symbolik als militärischen Kampfwert darstellte – dazu waren HAWK und NIKE technisch viel zu limitiert. Selbst die Luftverteidigung wurde nun mit ihren nuklear bewaffneten NIKE-Raketen – gerade mit den Sprengköpfen für den Boden-Boden-Einsatz bei einer Reichweite von günstigenfalls 150 Kilometern – zu einem Teil der atomaren Abschreckung, beziehungsweise Stolperdraht der nuklearen Eskalation. Die Hauptlast der Luftverteidigung trug während der Massiven Vergeltung aber nicht die Flugabwehrraketentruppe, sondern in erster Linie der nuklear bewaffnete Jagbomber, der Counter-Air-Einsätze flog.

Auf der politischen Ebene erfüllte die Luftverteidigung aber noch eine weitere Rolle. Da sie als NATO-Aufgabe auch auf deutschem Boden multinational organisiert war, säßen im Kriegsfall die eigenen Verbündeten „mit im Boot" der nuklearen Eskalation. Dieses Anliegen war der politischen Leitung und der militärischen Führung der Bundeswehr immer ein Grundbedürfnis. Denn die Furcht, im Fall der Fälle von den eigenen NATO-Verbündeten im

Stich gelassen zu werden, die im Extremfall womöglich bereit wären, die Bundesrepublik zum Schutz ihrer eigenen Nationen zu opfern, war eine ständige Sorge deutscher Bündnispolitik bis zum Fall der Mauer.

Der in den späten 1960er Jahren folgende Strategiewechsel der NATO hin zur Flexible Response wirkte sich auch spürbar auf die Luftabwehr der Bundeswehr aus. Luftverteidigung bedeutete jetzt, dass bei den Verbänden vor allem schnelle Reaktion und Anpassungsfähigkeit gefragt waren.[350] Der Gegner konnte aus politischen Gründen nicht mehr einfach durch Counter-Air-Einsätze am Boden zerschlagen werden, sondern musste mühsam in seiner Bewegungsfreiheit gehemmt werden. Dem seit dem Ersten Weltkrieg vielbeschworenen Kampf um die Luftüberlegenheit wurde nun wieder eine ganz neue Priorität beigemessen.[351] Ähnliches galt auch für den mit Flugabwehrsystemen ROLAND verbesserten Objektschutz von Basen und Flugplätzen – ein Konzept, das in der Phase der Massiven Vergeltung schon nahezu ad acta gelegt worden war.

In Beantwortung der Frage, welchen Einfluss diese Rahmenbedingungen auf die Entwicklung einer spezifischen Doktrin für die Luftwaffe nahmen, lässt sich feststellen: Sie spielte auf nationaler Ebene für die Luftwaffe bis 1971 nur eine untergeordnete Rolle und war eher Handwerk denn Kreativleistung. Die großen, „Doktrin-ähnlichen" Führungsdokumente steuerte die NATO – und vor allem die US Air Force – bei. Deren Verbände in Europa waren im Einsatzfall ohnehin multinational zusammengefasst, weshalb es für einzelne Staaten kaum eine Notwendigkeit gab, eigene Luftkriegsdoktrinen zu formulieren. In gleichem Maße hatte der erfolglose Versuch, ab 1961 mit LDv 100/1 eine eigene, deutsche Doktrin für die Luftwaffe zu erstellen, dem Führungsstab der Luftwaffe gezeigt, dass er für ein derartiges Projekt weder Zeit noch Personal in ausreichenden Mengen entbehren konnte.

Tatsächlich entstanden aber innerhalb der Luftwaffe nationale Einsatzkonzepte für die eigenen Verbände und Waffensysteme. Diese zeigten gut, wie sie auf dieser niederen Ebene der Erstellung von Führungsdokumenten effektiv mit den jeweiligen NATO-Stellen und Verbündeten zusammenarbeiten konnte. Zudem konnten Problemfaktoren und Missstände in Einsatzkonzepten für den Truppengebrauch viel deutlicher angesprochen werden als in einer eher abstrakten Doktrin für die Offiziersausbildung. Vielleicht war gerade dieser Um-

---

[350] Einen Beitrag zur Verbesserung der Reaktionsfähigkeit der NATO-Luftstreitkräfte in Europa sollte ab Mitte der 1960er Jahre der Aufbau einer gemeinsamen Frühwarn-Infrastruktur darstellen. Siehe: NADGE. Bodenführungssystem für die NATO-Luftverteidigung, in: Soldat und Technik (9) 1968, S. 486-491.
[351] Siehe: Luftüberlegenheit, in: Wehrkunde (12) 1969, S. 627-632.

stand einer der Gründe dafür, weshalb die Luftwaffenführung das Projekt der LDv 100/1 aufgab. In Einsatzkonzeptionen konnte sie in einem gewissen Umfang Klartext sprechen und Probleme der Truppe beim Namen nennen. Eine Doktrin hingegen war auf einem ganz anderen militärpolitischen Niveau angesiedelt. Entweder hätte sie einen für die Luftwaffe nicht erreichbaren Idealzustand festgelegt. Oder sie wäre inhaltlich dermaßen aufgeweicht worden, dass sie ihren Wert selbst als reine Ausbildungsvorschrift eingebüßt hätte. Ob diese Überlegungen bei der Einstellung der Arbeiten an der LDv 100/1 eine Rolle gespielt hatten, geht aus den erhaltenen Quellenbeständen aber nicht hervor. Hier wurde als Begründung lediglich ein Mangel an Ressourcen angegeben.

Welches Fazit steht nun am Ende dieser Rückschau?

Die Luftwaffe war zwischen 1955 und 1971 ein Paradebeispiel für die Unführbarkeit eines Krieges im atomaren Zeitalter. Sie konnte ihre Konzepte nicht frei planen, weil sie in die Strukturen eines Bündnisses eingebunden war, das selber nicht wirklich wusste, wie es einen Atomkrieg führen sollte. Selbst wenn die deutschen Generäle einen eindringlichen Wunsch verspürten, ihr Möglichstes zum Schutz der Bundesrepublik und ihrer Bürger zu tun: Ein substanzieller Schaden war für die Bundesrepublik im Kriegsfall nicht abzuwenden.

Die Luftwaffe war schlichtweg ein kleiner Akteur in einem viel größeren Spiel. Dieses Spiel war global und nannte sich in letzter Konsequenz Atomkrieg. Dessen erster Zug wäre auf westdeutschem Boden geführt worden. Für dieses Spiel gab es keine Regeln, die das Überleben Westdeutschlands garantierten. Keine Doktrin und keine Einsatzvorschrift, weder der NATO noch der Luftwaffe, hätten bewirken können, dass die alliierten Streitkräfte in Mitteleuropa nicht binnen weniger Tage – in einem konventionell und/oder atomar geführten Krieg – aufgerieben worden wären. Selbst wenn ihre Verfasser es wohl nie beabsichtigten, ihre Einsatzvorschriften sind heute die besten Zeugnisse dafür.

Abkürzungsverzeichnis

AAFCE	Allied Air Forces Central Europe
AAP	Allied Administrative Publication
AFCENT	Allied Forces Central Europe
AIRCENT	Air Forces Central Europe
ATAF	Allied Tactical Air Force
ATP	Allied Tactical Publication
BRD	Bundesrepublik Deutschland
CIA	Central Intelligence Agency
CINCENT	Commander-in-Chief, Allied Forces Central Europe
CPX	Command Post Exercise
DDR	Deutsche Demokratische Republik
EVG	Europäische Verteidigungsgemeinschaft
FBA	Fighter Bomber Attack
FBS	Fighter Bomber Strike
Flak	Flugabwehrkanone
FlaRak	Flugabwehr-Rakete
FOFA	Follow-on-Forces-Attack
FüAk	Führungsakademie der Bundeswehr
Jabo	Jagdbomber
JaboG	Jagdbomber-Geschwader
L.Dv.	Luftwaffendienstvorschrift (Wehrmacht)
LDv	Luftwaffendienstvorschrift (Bundeswehr)
leKG	leichte Kampfgeschwader
LWSR	Light Weight Strike and Reconnaissance
MAD	Mutually Assured Destruction
MC	Military Committee
MGFA	Militärgeschichtliches Forschungsamt der Bundeswehr
MLF	Multilateral Force
MRCA	Multi Role Combat Aircraft
NADGE	Nato Air Defence Ground Environment

NATO	North Atlantic Treaty Organization
NKF	Neues Kampfflugzeug
NVA	Nationale Volksarmee
PDP	Nato Public Disclosure Programme
RAF	Royal Air Force
SAC	Strategic Air Command
SACEUR	Supreme Allied Commander Europe
SEAD	Suppression of Enemy Air Defences
SHAPE	Supreme Headquarters Allied Powers Europe
SIOP	Single Integrated Operational Plan
STANAG	Standardization Agreement
STOL	Short Take-Off and Landing
UdSSR	Union der Sozialistischen Sowjetrepubliken
UN	United Nations
USA	United States of America
USAAF	United States Army Air Forces
USAF	United States Air Forces
VTOL	Vertical Take-Off and Landing
ZMSBw	Zentrum für Militärgeschichte und Sozialwissenschaften der Bundeswehr

Quellen- und Literaturverzeichnis
1. Quellen

BW 9 – Beauftragter des Bundeskanzlers für die mit der Vermehrung der alliierten Truppen zusammenhängenden Fragen („Amt Blank")

- 447: Rede Feldmarschall Montgomerys „A look through a window at World War III", 16.11.1954.
- 1373: Kurz gefaßte Gedanken zur Aufstellung deutscher Luftwaffenverbände als Beitrag zur Verteidigung von Heimat und Europa, März 1951.
- 1444: Abteilung Luftstreitkräfte/Paris: Rede Oberst i.G. a.D. Richard Heuser, 27.1.1954.
- 2440-1: II/Pl/L an Leiter II über Leiter II/Pl, 15.10.1954.
- 1902: Merkblatt Luftwaffe (Vorentwurf), 3.7.1954.
- 1902: Stellungnahme der Luftwaffe zu dem vorl. Entwurf „Allgemeine Grundsätze der Truppenführung", 27.3.1954.
- 3553, Studiengruppe Heimatverteidigung, Tgb. Nr. 638/54 geh., 22.10.1954.

BL 1 – Führungsstab der Luftwaffe

- 2: Interview General Kammhuber mit der Zeitung „Flugwelt", 00.00.1955.
- 2: Rede des General Kammhuber vor den Stabsoffizieren des Lehrgangs II Gesamtstreitkräfte in Sonthofen, August 1956.
- 327: Die Grundlagen der Luftverteidigung (Entwurf), 15.9.1959.
- 1502, Josef Kammhuber: Einsatz und Führung der bodenständigen Luftverteidigung, 22.3.1955.
- 1575: Ständiger Rüstungsausschuß; Endgültiger Bericht über die Sitzung der Arbeitsgruppe für die Erörterung der Luftverteidigung am 3.10.1957, 8.11.1957.
- 1633: Fü L III 1: Führungs- und Einsatzgrundsätze für die Waffensysteme F-104G und G-91 (Entwürfe), 18.4.1968.
- 1750-2: Bericht über CPX 7 (Command Post Exercise) vom 15.-18.4.1957 in Paris, 23.4.1957.
- 1753: Der Inspekteur der Luftwaffe - Stellungnahme zu den Studien der Inspekteure des Heeres und der Marine, 01.11.1959.
- 1822: Fü L: Aufstellungsplanung der Luftwaffe 1970, 7.3.1964.
- 1888: Fü L II 4: Beschaffung mittl. Hubschrauber, 29.9.1964.

- 1903 9: Fü Ak Bw – Abt.-Lw, Vortragsnotiz Studiengruppe Luftwaffe: Bisherige Entwicklung – beabsichtigte Veränderungen, 9.2.1970.
- 1903 9: Erarbeitung LDv 100/1, 2.11.1962.
- 1904 1: Fü L I 5 an Fü L III 5, Einstellen der Bearbeitung LDv 100/1 u. LDv 100/2, 14.9.1981.
- 2666-1: LDv 100/1 (Entwurf 1971), 10.8.1971.
- 3508: Untersuchungen der Grundlagen für die Konzeption der Luftwaffe, 22.10.1965.
- 4027, Rede des Generalinspekteurs der Bundeswehr zum Abschluß der 16. Kommandeurtagung der Bundeswehr, 2.7.1970.
- 4029: Fü L III: CINCENT's Air Operations Study Group, 08.12.1969.
- 4029: Betr.: AFCENT-Studie zur Luftverteidigung, 10.3.1970.
- 4525: LDv 100/1 Luftkriegführung (Rohentwurf), September 1967.
- 5212: Umdislozierung, Auflockerung und Verbunkerung. Grundsätze der 2. ATAF, 11.12.1961.
- 5623: Fü L III 1: Stellungnahme von Fü L zur Vorbereitung der „AFCENT Conventional Offensive Air Operations Conference", 28.11.1968.

2. Periodika

Der Spiegel

Luftkrieg – Die große Illusion, in: Der SPIEGEL (50) 1951, S. 23f.

Strauss: Der Primus, in: Der SPIEGEL (1) 1957, S. 19f.

Raketen-Bewaffnung: Vom Schild zum Schwert, in: Der SPIEGEL, (46) 1957, S. 13f.

Kammhuber. Der kleine General, in: Der SPIEGEL (50) 1957, S. 18-32.

Senkrecht-Start: Kammhubers Traum, in: Der SPIEGEL (43) 1959, S. 36f.

Strategie: Ein Eimer Milch, in: Der SPIEGEL (51) 1960, S. 69-72.

Strauss-Krise: Nachts um halb eins, in: Der SPIEGEL (30) 1962, S. 15-20.

Strategie: Bedingt abwehrbereit, in: Der SPIEGEL (41) 1962, S. 32-53.

Luftwaffe: Senkrecht/kurz, in: Der SPIEGEL (49) 1963, S. 40-42.

Waffensysteme: Sieg der Roboter, in: Der SPIEGEL (12) 1964, S. 95.

Starfighter. Ein gewisses Flattern, in: Der SPIEGEL (5) 1966, S. 21-36.

NATO: Bedingt abwehrbereit, in: Der SPIEGEL (33) 1966, S. 30-32.

Senkrechtstarter: Heftig gestorben, in: Der SPIEGEL (4) 1969, S. 43-45.

Neues Kampfflugzeug: Gefahr durch Fortschritt, in: Der SPIEGEL (21) 1969, S. 100f.

Bundeswehrspitze: ZMilDBw, in: Der SPIEGEL (14) 1970, S. 30-32.

Loyal – Hrsg. vom Verband der Reservisten der Bundeswehr

Lufttransport, in: Loyal (2) 1970, S. 22-24.

Entstörung des Gleichgewichts, in: Loyal (3) 1970, S. 2-5.

Direkt gefragt. Wolfram v. Raven interviewte Bundesverteidigungsminister Helmut Schmidt, in: Loyal (4) 1970, S. 10-13, hier: S. 13.

Gleichgeschaltete Bruderarmeen, in: Loyal (4) 1970, S. 20f.

Starfighter's Erben. MRCA mit gestutzten Flügeln?, in: Loyal (8) 1970, S.13-15.

Kampfkraft. Die Betriebskosten der Bundeswehr, in: Loyal (9) 1970, S. 12-14.

Dollars für Divisionen, in: Loyal (11) 1970, S. 7f.

Blütenträume?, in: Loyal (11) 1970, S. 20f.

Reservebildung oder Substanzverlust? Die Alternative der Luftwaffe, in: Loyal (4) 1971, S. 3-6.

Kampfhubschrauber: Projekt der Zukunft?, in: Loyal (11) 1971, S. 3-5.

Revolution aus der Luft, in: Loyal (11) 1971, S. 10f.

Kernwaffen. Weg von Europa?, in: Loyal (1) 1972, S. 14f.

General Johannes Steinhoff. Die militärischen Probleme der NATO in den siebziger Jahren, in: Loyal (8) 1972, S. 20-23.

Soldat und Technik

Fiat G 91. Das kommende leichte Erdkampfflugzeug, in: Soldat und Technik (7) 1958, S. 319-322.

Integration der Luftverteidigung in Nato-Europa, in: Soldat und Technik (4) 1959, S. 168-175.

Wachmannschaft zum Schutze des Weltfriedens. Aufbau und Stärke des Strategischen Bomberkommandos der Vereinigten Staaten, in: Soldat und Technik (10) 1959, S. 486-491.

Etwa 40 000 Atombomben in Bereitschaft. Sicherste Bürgschaft für Erhaltung des Friedens, in: Soldat und Technik (1) 1962, S. 18.

Kritik an einer nicht-nuklearen Abschreckung. Journalist berichtet über Meinung von US-Offizieren, in: Soldat und Technik (1) 1962, S. 18.

Das Waffensystem PERSHING. Einfach, beweglich, treffsicher, zuverlässig/Ein Rekord der Waffenentwicklung, in: Soldat und Technik (5) 1962, S. 253-256.

MLF, eine politische Klammer, in: Soldat und Technik (5) 1964, S. 258.

Ein Plädoyer für die NATO, in: Soldat und Technik (5) 1966, S. 227f.

Das Flugabwehr-Raketensystem HAWK, in: Soldat und Technik (6) 1967, S. 304-306.

Der Luftkrieg in Südostasien. Vietnam – das Experimentierfeld einer Luftwaffe Teil I, in: Soldat und Technik (11) 1967, S. 580-582.

Der Luftkrieg in Südostasien. Vietnam – das Experimentierfeld einer Luftwaffe Teil II, in: Soldat und Technik (12) 1967, S. 660-662.

NADGE. Bodenführungssystem für die NATO-Luftverteidigung, in: Soldat und Technik (9) 1968, S. 486-491.

Auf dem Wege zum neuen Kampfflugzeug. Das neue Kampfflugzeug (NKF) = Multi Role Combat Aircraft 1975 (MRCA 75), in: Soldat und Technik (12) 1968, S. 655-657.

Neuordnung der Luftwaffen-Kommandostruktur, in: Soldat und Technik (8) 1970, S. 460.

Wehrkunde

Ferngelenkte Eigenantriebsgeschosse und Luftzielbekämpfung, in: Mitteilungen der Gesellschaft für Wehrkunde (8) 1952, S. 4-6.

Der Einsatz taktischer Luftstreitkräfte. Neuere Erfahrungen nach ausländischen Quellen, in: Mitteilungen der Gesellschaft für Wehrkunde (8) 1952, S. 6-8.

Luftschutz für Zentral-Europa, in: Mitteilungen der Gesellschaft für Wehrkunde (9) 1952, S. 8.

Gedanken über eine europäische Luftverteidigung, in: Wehrkunde (1) 1953, S. 8-10.

Der Luftschutz in der neuzeitlichen Landesverteidigung, in: Wehrkunde (6) 1953, S. 22-24.

Die Zusammenarbeit der Panzertruppe mit der taktischen Luftwaffe, in: Wehrkunde (12) 1953, S. 15-19.

Zur Anwendung der Atomwaffe im Felde, in: Wehrkunde (10) 1954, S. 354-360.

„Die Luftwaffe – der hervorragende Faktor eines Krieges.", in: Wehrkunde (2) 1955, S. 42-44.

Die Situation der Europäischen Luftrüstung, in: Wehrkunde (3) 1955, S. 81-85.

Los von Flugplätzen!, in: Wehrkunde (10) 1955, S. 419-423.
Über den Standort einer modernen Luftverteidigung, in: Wehrkunde (12) 1955, S. 535-539.
Fliegerausbildung im Atomzeitalter, in: Wehrkunde (8) 1956, S. 386-389.
Die taktische Luftwaffe, in: Wehrkunde (12) 1956, S. 605-612.
Die Luftverteidigung in Westeuropa, in: Wehrkunde (1) 1957, S. 17-21.
Bemannte Flugzeuge oder Raketen?, in: Wehrkunde (9) 1957, S. 465-471.
Passiver Bevölkerungsschutz, in: Wehrkunde (3) 1959, S. 130-137.
Die atomare „Force de Frappe" Frankreichs – ihr Prinzip und ihre Realisierungsmöglichkeiten, in: Wehrkunde (2) 1960, S. 68-76.
Das Flugzeug für den Erdkampfeinsatz, in: Wehrkunde (4) 1960, S. 199-203.
Der Technische Offizier der Luftwaffe, in: Wehrkunde (8) 1961, S. 431-435.
Senkrechtstart-Flugzeuge für taktischen Einsatz, in: Wehrkunde (9) 1961, S. 482-486.
SAC. Das Strategische Luftwaffenkommando, in: Wehrkunde (12) 1961, S. 634-642.
Probleme der europäischen Verteidigung. Konventionelle Rüstung und nukleare NATO-Strategie als Problem der militärischen und politischen Einheit der Allianz, in: Wehrkunde (11) 1962, S. 574-582.
Die Aufgaben der deutschen Luftwaffe, in: Wehrkunde (12) 1962, S. 680.
Perspektiven einer multilateralen NATO-Atommacht, in: Wehrkunde (4) 1963, S. 186-191.
Die Zusammenarbeit Heer – Luftwaffe, in: Wehrkunde (10) 1963, S. 534-540.
Neun Hawk-Bataillone für die deutsche Luftwaffe, in: Wehrkunde (11) 1963, S. 622.
Jetzt „leichte Kampfgeschwader", in: Wehrkunde (2) 1966, S. 102.
Die Zukunft des atlantischen Bündnisses. Eine britische Meinung, in: Wehrkunde (4) 1966, S. 169-172.
Die Verteidigungspolitik Großbritanniens, in: Wehrkunde (4) 1966, S. 184-187.
Die „Krisenbeherrschung", in: Wehrkunde (5) 1966, S. 228-232.
Krisenbeherrschung in Europa, in: Wehrkunde (7) 1966, S. 333-336.
Flugzeuge oder Raketen? Defensive oder offensive Luftverteidigung – Der technische Krieg – Blick in die Zukunft, in: Wehrkunde (8) 1966, S. 400-407.
Aufgaben und Bedeutung der Führungsakademie der Bundeswehr. Gedanken anläßlich des 10jährigen Bestehens, in: Wehrkunde (1) 1967, S. 2-7.

Operativer Luftkrieg. Eine Wortbildung zur Bezeichnung unterschiedlicher Vorstellungen, in: Wehrkunde (5) 1967, S. 265-269.

Die Luftwaffe. Technik und Taktik, in Wehrkunde (5) 1968, S. 230-238.

Das Neue Kampfflugzeug – Schritt in die Zukunft, in: Wehrkunde (2) 1969, S. 59-61.

Auswirkungen der Vorneverteidigung auf die Nationale Verteidigung, in: Wehrkunde (7) 1969, S. 345-349.

Luftüberlegenheit, in: Wehrkunde (12) 1969, S. 627-632.

3. Sonstige

Brodie, Bernhard (Hrsg.): The absolute Weapon. Atomic Power and World Order, New Haven (Harcourt) 1946.

Bundeswehr: LDv 100/1, 2009.

Bundeswehr: Weißbuch 1970.

Douhet, Giulio: Luftherrschaft, Berlin 1935.

J.C.S. 2056/131: Note by the Secretaries to the Joint Chiefs of Staff on Target Coordination and associated Problems, Art. 8, 20.8.1959, http://nsarchive.gwu.edu/NSAEBB/NSAEBB130/SIOP-2.pdf (25.11.2016).

Mitchell, William A.: Winged Defense. The Development and Possibilities of Modern Air Power, Economic and Military, New York 1926.

NATO: AAP-6 Nato Glossary of Terms and Definitions, 2015, http://nso.nato.int/nso/nsdd/APdetails.html?APNo=2174&LA=EN (13.6.2016).

NATO: MC 14/1 (Final) Strategic Guidance, Enclosure "A", Appendix "NATO Strategic Guidance", 9.12.1952.

NATO: MC 14/2 (Final Decision) Overall strategic Concept for the Defense of the North Atlantic Treaty Organization Area, 23.05.1957.

NATO: MC 14/3 (Final): Overall strategic Concept for the Defense of the North Atlantic Treaty Organisation Area, 16.1.1968.

NATO: MC 48/2 Measures to implement the Strategic Concept, 15.3.1957.

Rautenberg, Hans-Jürgen/Wiggershaus, Norbert: Die „Himmeroder Denkschrift" vom Oktober 1950. Politische und militärische Überlegungen für einen Beitrag der Bundesrepublik Deutschland zur westeuropäischen Verteidigung, Karlsruhe 1977.

Sonntag, Philipp: Mathematische Analyse der Wirkung von Kernwaffenexplosionen in der BRD, in: Weizäcker, Carl-Friedrich v. (Hrsg.). Kriegsfolgen und Kriegsverhütung, München 1971.

Wehrmacht: L.Dv. 16 – Luftkriegführung, Berlin 1935.

4. Literatur

Altenburg, Wolfgang: Die Nuklearstrategie der Nordatlantischen Allianz: Vom Gegeneinander zum Miteinander im Ost-West-Verhältnis, in: Klaus-Jürgen Bremm u.a. (Hrsg.). Entschieden für Frieden. 50 Jahre Bundeswehr 1955 bis 2005, Freiburg im Breisgau 2005, S. 63-72.

Assmann, Aleida/Frevert, Ute: Geschichtsvergessenheit – Geschichtsvergessenheit. Vom Umgang mit deutschen Vergangenheiten nach 1945, Stuttgart 1999.

Ausland, John C.: Kennedy, Khrushchev, and the Berlin-Cuba crisis 1961–1964, Oslo 1996.

Bange, Oliver/Lemke, Bernd (Hrsg.): Wege zur Wiedervereinigung. Die beiden deutschen Staaten in ihren Bündnissen 1970 bis 1990, München 2013 (= Beiträge zur Militärgeschichte, Bd. 75).

Bechtol, Bruce E.: Paradigmenwandel des Kalten Krieges: Der Koreakrieg 1950-1953, in: Bernd Greiner/Christian Th. Müller/Dierk Walter (Hrsg.). Heiße Kriege im Kalten Krieg, Hamburg 2006, S.141-166.

Birk, Eberhard: Giulio Douhet und die „Luftherrschaft", in: Österreichische militärische Zeitschrift (ÖMZ) (2) 2011, S. 150-159.

Birk, Eberhard: Die Idee der „Luftherrschaft" von Douhet und ihre Rezeption im Deutschen Reich, in: Ders./Heiner Möllers/Wolfgang Schmidt (Hrsg.). Die Luftwaffe in der Moderne (= Schriften zur Geschichte der Deutschen Luftwaffe, Bd. 1), Berlin 2011, S. 19-41.

Birk, Eberhard: Steinhoff und sein „Bild des Offiziers in der Luftwaffe", in: Ders./Heiner Möllers/Wolfgang Schmidt (Hrsg.). Die Luftwaffe zwischen Politik und Technik (= Schriften zur Geschichte der Deutschen Luftwaffe, Bd. 2), Berlin 2012, S. 145-158.

Birk, Eberhard: Douhet und seine Architektur von „Luftherrschaft", in: Ders./Heiner Möllers (Hrsg.). Luftwaffe und Luftkrieg (= Schriften zur Geschichte der Deutschen Luftwaffe, Bd. 3), Berlin 2015, S. 86-114.

Birtle, Andrew James: Rearming the Phoenix: U.S. Military Assistance to the Federal Republic of Germany 1950-1960, New York 1991.

Black, Jeremy: Air Power. A Global History, Lanham 2016.

Boog, Horst: Horst Boog, Die deutsche Luftwaffenführung 1935 bis 1945. Führungsprobleme – Spitzengliederung – Generalstabsausbildung, Stuttgart 1982 (= Beiträge zur Militär- und Kriegsgeschichte, Bd. 21).

Ders.: Führungsdenken in der deutschen Luftwaffe im Zweiten Weltkrieg, in: Militärgeschichtliches Forschungsamt (Hrsg.). Vorträge zur Militärgeschichte Bd. 9, Operatives Denken und Handeln in deutschen Streitkräften im 19. und 20. Jahrhundert, Herford 1988, S. 183-206.

Ders.: Der anglo-amerikanische strategische Luftkrieg über Europa und die deutsche Luftverteidigung, in: Ders. u.a. (Hrsg.). Von Pearl Harbor zum Bombenkrieg über Europa (= Die Welt im Krieg 1941-1943, Bd. 1), Frankfurt a.M. 1992, S. 499-655.

Ders.: Strategischer Luftkrieg in Europa und Reichsluftverteidigung 1943-1944, in: MGFA (Hrsg.). Das Deutsche Reich in der Defensive. Strategischer Luftkrieg in Europa, Krieg im Westen und in Ostasien 1943-1944/45, Stuttgart 2001 (= Das Deutsche Reich und der Zweite Weltkrieg, Bd. 7), S. 3-415.

Buckley, John: Air Power in the Age of Total War, London 1999.

Bundeswehr: Art. Luftwaffe der Zukunft (Teil 1), 1.7.2011, http://www.luftwaffe.de/portal/a/luftwaffe/start/archivneu/2011/jul (Stand: 25.11.2016).

Corum, James S.: The Luftwaffe. Creating the Operational Air War 1918-1940, Lawrence 1997.

Ders.: Airpower Thought in Continental Europe between the Wars, in: Phillip S. Meilinger (Hrsg.). The Paths of Heaven. The Evolution of Airpower Theory, Maxwell 1997, S. 151-181.

Ders.: Building a new Luftwaffe: The U.S. Airforce and Bundeswehr planning for rearmament, in: The Journal of Strategic Studies (1) 2004, S. 89-113.

Crane, Conrad: American Airpower Strategy in Korea 1950-1953, Lawrence 2000.

Davis, Christopher M.: Wirtschaftliche und soziale Folgen sowjetischer Militärausgaben, in: Bernd Greiner u.a. (Hrsg.). Ökonomie im Kalten Krieg, Hamburg 2010, S. 260-278.

Diedrich, Torsten/Heinemann, Winfried/Ostermann, Christian F.: Der Warschauer Pakt. Von der Gründung bis zum Zusammenbruch 1955-1991, Berlin 2009.

Doerry, Martin/Janssen, Hauke (Hrsg.): Die SPIEGEL-Affäre. Ein Skandal und seine Folgen, Stuttgart 2013.

Echternkamp, Jörg: Soldaten im Nachkrieg. Historische Deutungskonflikte und westdeutsche Demokratisierung 1945-1955, München 2014 (= Beiträge zur Militärgeschichte, Bd. 76).

Elliot, David C.: Project Vista and Nuclear Weapons in Europe, in: International Security (IS) (11) 1986, S. 163-183.

Fadok, David S.: John Boyd and John Warden: Airpower's Quest for Strategic Paralysis, in: Phillip S. Meilinger (Hrsg.). The Paths of Heaven. The Evolution of Airpower Theory, Maxwell 1997, S. 357-398.

Feuchter, Georg W.: Der Luftkrieg. Vom Fesselballon zum Raumfahrzeug, Frankfurt a.M. 1962.

Finke, Julian-André: Hüter des Luftraumes? Die Luftstreitkräfte der DDR im Diensthabenden System des Warschauer Paktes, Berlin 2010 (= Militärgeschichte der DDR, Bd. 18).

Flugel, Raymond R.: United States Air Power Doctrine: A Study of the Influence of William Mitchell and Giulio Douhet at the Air Corps Tactical School 1921-1935, University of Oklahoma 1966.

Friedrich, Jörg: Der Brand. Deutschland im Bombenkrieg, Frankfurt a.M. 2002.

Fuhs, Burkhard: Fliegende Helden. Kultur der Gewalt am Beispiel von Kampfpiloten und ihren Maschinen, in: Rolf W. Brednich/Walter Hartinger (Hrsg.). Gewalt in der Kultur. Vorträge des 29. Deutschen Volkskundekongresses Bd. II, Passau 1994, S. 705-720.

Gablik, Axel: Strategische Planungen in der Bundesrepublik Deutschland 1955-1967: Politische Kontrolle oder militärische Notwendigkeit? (= Internationale Politik und Sicherheit, Bd. 30/5), Baden-Baden 1996, S. 86-94.

Galland, Adolf: Die Ersten und die Letzten. Die Jagdflieger im zweiten Weltkrieg, Darmstadt 1953.

Gersdorff, Gero von: Die Gründung der Nordatlantischen Allianz, München 2009 (= Entstehung und Probleme des Atlantischen Bündnisses, Bd. 7).

Giegerich, Bastian: Die NATO, Wiesbaden 2012.

Görtemaker, Manfred: Geschichte der Bundesrepublik Deutschland: Von der Gründung bis zur Gegenwart, Frankfurt a.M. 2004.

Ders.: Kleine Geschichte der Bundesrepublik Deutschland, Frankfurt a.M. 2005.

Grayzel, Susan R.: At Home and Under Fire. Air Raids and Culture in Britain from the Great War to the Blitz, Cambridge 2012.

Greiner, Christian/Maier, Klaus A./Rebhan, Heinz: Die NATO als Militärallianz. Strategie, Organisation und nukleare Kontrolle im Bündnis 1949 bis 1959, München 2003 (= Entstehung und Probleme des Atlantischen Bündnisses, Bd. 4).

Grint, Keith/Jackson, Brad: Towards „Socially Constructive" Social Constructions of Leadership, in: Management Communication Quarterly (24) Vol. 2 2010, S. 348-355, hier: S. 352.

Groehler, Olaf: Geschichte des Luftkriegs 1910 bis 1980, Berlin 1981.

Groß, Gerhard P.: Mythos und Wirklichkeit. Geschichte des operativen Denkens im deutschen Heer von Moltke d.Ä. bis Heusinger, Paderborn 2012 (= Zeitalter der Weltkriege, Bd. 9.

Halberstam, David: The Coldest Winter. America and the Korean War, London 2008.

Hammerich, Helmut R.: "Jeder für sich und Amerika gegen alle?" Die Lastenteilung der NATO am Beispiel des Temporary Council Committee (= Entstehung und Probleme des Atlantischen Bündnisses bis 1956, Bd. 5), 1949-1954, München 2003.

Hammerich, Helmut R./Schlaffer, Rudolf J. (Hrsg.): Militärische Aufbaugeneration der Bundeswehr 1955 bis 1970. Ausgewählte Biografien, München 2011 (= Sicherheitspolitik und Streitkräfte der Bundesrepublik Deutschland, Bd. 10).

Hammerich, Helmut R./Kollmer, Dieter H. u.a. (Hrsg.): Das Heer 1950 bis 1970. Konzeption, Organisation und Aufstellung, München 2014 (= Sicherheitspolitik und Streitkräfte der Bundesrepublik Deutschland, Bd. 3).

Heuser, Beatrice: Die Strategie der NATO während des Kalten Krieges, in: Klaus-Jürgen Bremm u.a. (Hrsg.). Entschieden für Frieden. 50 Jahre Bundeswehr 1955 bis 2005, Freiburg im Breisgau 2005, S. 51-62.

Horn, Elke: Die militärischen Aufbaugenerationen der Bundeswehr. Versuch einer psychohistorischen Problematisierung, in: Helmut R. Hammerich/Rudolf J. Schlaffer (Hrsg.). Militärische Aufbaugenerationen der Bundeswehr 1955 bis 1970, München 2011, S. 439-468.

Jordan, Robert S.: Norstad. Cold-War NATO Supreme Commander. Airman, Strategist, Diplomat, New York 2000.

Keegan, John: Der Erste Weltkrieg. Eine europäische Tragödie, Reinbek 2000.

Keßelring, Agilolf/Loch, Thorsten: Himmerod war nicht der Anfang. Bundesminister Eberhard Wildermuth und die Anfänge westdeutscher Sicherheitspolitik, in: MGZ (74) 2015 1/2, S. 60-96.

Kneschke, Robert: Merkmale der Stellvertreterkonflikte des Kalten Krieges, Berlin 2007.

Knoll, Michael: Atomare Optionen. Kernwaffenpolitik in der Ära Adenauer, Frankfurt a.M. 2013.

Kollmer, Dieter H.: Die materielle Aufrüstung der Bundeswehr in ihrer Aufbauphase 1953-1958, in: Österreichische militärische Zeitschrift (ÖMZ) (2) 2010, (Download) https://www.oemz-online.at/pages/viewpage.action?pageId=10357351 (Stand: 04.05.2017), S. 32-41, hier: S. 33.

Kommando Luftwaffe: Chronik Führungsstab der Luftwaffe, Berlin/Köln 2013.

Korkisch, Friedrich W.: Luftkriegsdoktrin in Diskussion. Kann Air Power allein politische Ziele erreichen? in: Österreichische militärische Zeitschrift (ÖMZ) (5) 1999, S. 575-586.

Ders.: Luftkrieg „neu". Mehr Evolution als Revolution (Teil 1), in: Österreichische militärische Zeitschrift (ÖMZ) (2) 2014, S. 156-168.

Ders.: Luftkrieg „neu": Mehr Evolution als Revolution (Teil 2), in: Österreichische militärische Zeitung (ÖMZ) (3) 2014, (Download) https://www.oemz-online.at/pages/viewpage.action?pageId=10357646 (4.5.2017), S. 35-49.

Krüger, Dieter: Nationaler Egoismus und gemeinsamer Bündniszweck. Das „NATO Air Defence Ground Environment Programe" (NADGE) 1959-1968, in: MGZ (64) 2005, S. 333-358.

Ders.: Der Strategiewechsel der Nordatlantischen Allianz und die Luftwaffe, in: Bernd Lemke/Ders. u.a. (Hrsg.). Die Luftwaffe 1950 bis 1970. Konzeption, Aufbau, Integration, München 2006 (= Sicherheitspolitik und Streitkräfte der Bundesrepublik Deutschland, Bd. 3), S. 41-69.

Ders.: Die Entstehung der NATO-Luftverteidigung und die Integration der Luftwaffe, in: Bernd Lemke/Ders. u.a. (Hrsg.). Die Luftwaffe 1950 bis 1970. Konzeption, Aufbau, Integration, München 2006 (= Sicherheitspolitik und Streitkräfte der Bundesrepublik Deutschland, Bd. 3), S. 485-556.

Ders.: Der Strategiewandel der NATO in den 1960er Jahren: Ein westdeutsches Dilemma, in: Eberhard Birk/Heiner Möllers/Wolfgang Schmidt (Hrsg.). Die Luftwaffe in der Moderne (= Schriften zur Geschichte der Deutschen Luftwaffe, Bd. 1), Berlin 2011, S. 61-69.

Kutz, Martin: Die verspätete Armee. Entstehungsbedingungen, Gefährdungen und Defizite der Bundeswehr, in: Frank Nägler (Hrsg.). Die Bundeswehr 1955 bis 2005. Rückblenden – Einsichten – Perspektiven, München 2007, S. 63-80.

Lautsch, Siegfried: Kriegsschauplatz Deutschland; Erfahrungen und Erkenntnisse eines NVA-Offiziers, Potsdam 2013.

Lemke, Bernd/Krüger, Dieter u.a. (Hrsg.): Die Luftwaffe 1950 bis 1970. Konzeption, Aufbau, Integration, München 2006 (= Sicherheitspolitik und Streitkräfte der Bundesrepublik Deutschland, Bd. 3).

Lemke, Bernd: Konzeption und Aufbau der Luftwaffe, in: Ders./Dieter Krüger u.a. Die Luftwaffe 1950 bis 1970. Konzeption, Aufbau, Integration, München 2006 (= Sicherheitspolitik und Streitkräfte der Bundesrepublik Deutschland, Bd. 3), S. 71-484.

Leonhard, Jörn: Die Büchse der Pandora: Die Geschichte des Ersten Weltkrieges, München 2014.

Loch, Thorsten und Keßelring, Agilolf: Der „Besprechungsplan vom 5. Januar 1950. Gründungsdokument der Bundeswehr? Eine Dokumentation zu den Anfängen westdeutscher Sicherheitspolitik, in: Historisch Politische Mitteilungen (HPM) (22) 2015, S. 199-229.

Loth, Wilfried/Rusinek, Bernd-A.: Verwandlungspolitik: NS-Eliten in der westdeutschen Nachkriegsgesellschaft, Frankfurt a.M. 1998.

Maier, Klaus A.: Totaler Krieg und operativer Luftkrieg, in: MGFA (Hrsg.). Die Errichtung der Hegemonie auf dem europäischen Kontinent (= Das Deutsche Reich und der Zweite Weltkrieg, Bd. 2), Stuttgart 1979, S.43-69.

Mastny, Vojtech/Schmidt, Gustav: Konfrontationsmuster des Kalten Krieges 1946 bis 1956, München 2003 (= Entstehung und Probleme des Atlantischen Bündnisses, Bd. 3).

McCrabb, Maris: The Evolution of NATO Air Doctrine, in: Phillip S. Meilinger (Hrsg.). The Paths of Heaven. The Evolution of Airpower Theory, Maxwell 1997, S. 443-484.

Meilinger, Phillip S. (Hrsg.): The Paths of Heaven. The Evolution of Airpower Theory, Maxwell 1997.

Ders.: Giulio Douhet and the Origins of Airpower Theory, in: Ders. (Hrsg.). The Paths of Heaven. The Evolution of Airpower Theory, Maxwell Air Force Base (Alabama) 1997, S. 1-40.

Ders.: Airwar. Theory and Practice, London/Portland 2003.

Militärgeschichtliches Forschungsamt der Bundeswehr (Hrsg.): Das Deutsche Reich und der Zweite Weltkrieg (10 Bde.), Stuttgart 1979-2008.

Möllers, Heiner: „Ein unbequemer Mann!" – General Johannes Steinhoff, in: Eberhard Birk/Ders./Wolfgang Schmidt (Hrsg.). Die Luftwaffe in der Moderne (= Schriften zur Geschichte der Deutschen Luftwaffe, Bd. 1), Berlin 2011, S. 141-175.

Ders.: Auswege aus der „Starfighter-Krise". General Steinhoffs Ringen um Befugnisse, in: Eberhard Birk/Heiner Möllers/Wolfgang Schmidt (Hrsg.). Die Luftwaffe zwischen Politik und Technik (= Schriften zur Geschichte der Deutschen Luftwaffe, Bd. 2), Berlin 2012, S. 124-144.

Ders.: Die Luftwaffe und ihre Strukturen im Wandel der Zeit und ihrer ganz eigenen Politik, in: Eberhard Birk/Ders. (Hrsg.). Luftwaffe und Luftverteidigung (= Schriften zur Geschichte der Luftwaffe, Bd. 6), Berlin 2017, S. 18-48.

Münkler, Herfried: Der Große Krieg: Die Welt 1914 bis 1918, Berlin 2013.

Nägler, Frank (Hrsg.): Die Bundeswehr 1955 bis 2005. Rückblenden – Einsichten – Perspektiven, München 2007.

Nuenlist, Christian/Locher, Anna: Drifting Apart? Restoring the NATO Consensus 1956-1972, in: Dies. (Hrsg.). Transatlantic Relations at Stake. Aspects of NATO, 1956-1972, Zürich 2006, S. 9-19.

Overy, Richard: Der Bombenkrieg: Europa 1939 bis 1945, Berlin 2014.

Paris, Michael: The First Air Wars – North Africa and the Balkans, 1911-1913, in: Journal of Contemporary History (26) 1991, S. 97-109.

Potempa, Harald: Die Königlich-Bayerische Fliegertruppe 1914-1918, Frankfurt a.M. 1997.

Rebhan, Heinz: Aufbau und Organisation der Luftwaffe 1955 bis 1971, in: Bernd Lemke/Dieter Krüger u.a. Die Luftwaffe 1950 bis 1970. Konzeption, Aufbau, Integration, München 2006 (= Sicherheitspolitik und Streitkräfte der Bundesrepublik Deutschland, Bd. 3), S. 557-647.

Reis, Sebastian: Das Krisenmanagement der Luftwaffe: Die Bewältigung der Starfighter-Krise, in: Eberhard Birk/Heiner Möllers/Wolfgang Schmidt (Hrsg.). Die Luftwaffe zwischen Politik und Technik (= Schriften zur Geschichte der Deutschen Luftwaffe, Bd. 2), Berlin 2012, S. 88-107.

Rink, Martin: Die Bundeswehr 1950/55-1989, Berlin 2015 (= Militärgeschichte kompakt, Bd. 6).

Robertson, Scot: Development of RAF Strategic Bombing Doctrine 1919-1939, Westport CT/London 1995.

Rogg, Matthias: Armee des Volkes? Militär und Gesellschaft in der DDR, Berlin 2008 (= Militärgeschichte der DDR, Bd. 15)

Rosenboom, Sebastian: Am Himmel zwischen Ostsee und Schwarzem Meer. Ein Überblick über die Einbindung deutscher Luftstreitkräfte an der Ostfront von 1914 bis 1918, in: Eberhard Birk/Heiner Möllers (Hrsg.). Luftwaffe und Luftkrieg (= Schriften zur Geschichte der Deutschen Luftwaffe, Bd. 3), Berlin 2015. S. 40-54.

Sander-Nagashima, Johannes Berthold (Hrsg.): Die Bundesmarine 1950 bis 1970. Konzeption und Aufbau, München 2006 (= Sicherheitspolitik und Streitkräfte der Bundesrepublik Deutschland, Bd. 4).

Schabel, Ralf: Die Illusion der Wunderwaffen. Die Rolle der Düsenflugzeuge und Flugabwehrraketen in der Rüstungsindustrie des Dritten Reiches, München 1994 (= Beiträge zur Militärgeschichte, Bd. 35).

Schilling, Daniel: Flugapparate über Ostpreußen. Luftkrieg in der Schlacht von Tannenberg, in. Eberhard Birk/Heiner Möllers (Hrsg.). Luftwaffe und Luftkrieg (= Schriften zur Geschichte der Deutschen Luftwaffe, Bd. 3), Berlin 2015, S. 55-79.

Schmitt, Burkhard: Frankreich und die Nukleardebatte in der Atlantischen Allianz 1956 bis 1966 (= Militärgeschichtliche Studien, Bd. 36), München 1998.

Schmidt, Wolfgang: „Seines Wertes bewusst!" General Josef Kammhuber, in: Helmut R. Hammerich/Josef Schlaffer (Hrsg.). Militärische Aufbaugeneration der Bundeswehr 1955 bis 1970. Ausgewählte Biografien, München 2011 (= Sicherheitspolitik und Streitkräfte der Bundesrepublik Deutschland, Bd. 10), S. 351-381.

Schmidt, Wolfgang: Briefing statt Befehlsausgabe. Die Amerikanisierung der Luftwaffe 1955 bis 1975, in: Bernd Lemke/Dieter Krüger u.a. (Hrsg.). Die Luftwaffe 1950 bis 1970. Konzeption, Aufbau, Integration, München 2006 (= Sicherheitspolitik und Streitkräfte der Bundesrepublik Deutschland, Bd. 3), S. 649-691.

Schmidt, Wolfgang: Die Amerikanisierung der Luftwaffe von 1955 bis 1975, in: Eberhard Birk/Heiner Möllers/Ders. (Hrsg.). Die Luftwaffe in der Moderne (= Schriften zur Geschichte der Deutschen Luftwaffe, Bd. 1), Berlin 2011, S. 95-123.

Schoenbaum, David: Die Spiegel-Affäre: Ein Abgrund von Landesverrat, Berlin 2002.

Schreiber, Dirk: Die Luftwaffe und ihre Doktrin im Zeitalter der Blockkonfrontation (1950 bis 1989), in: Eberhard Birk/Heiner Möllers (Hrsg.). Luftwaffe und Luftverteidigung (= Schriften zur Geschichte der Deutschen Luftwaffe, Bd. 6), Berlin 2017, S. 65-81.

Schüler-Springorum, Stefanie: Krieg und Fliegen: Die Legion Condor im Spanischen Bürgerkrieg, Paderborn 2009.

Siano, Claas: Die Luftwaffe und der Starfighter. Rüstung im Spannungsfeld von Politik, Wirtschaft und Militär (= Schriften zur Geschichte der Deutschen Luftwaffe, Bd. 4), Berlin 2016.

Stein, David J.: The Development of NATO Tactical Air Doctrine. 1970-1985, Santa Monica 1985.

Steinhoff, Johannes/Pommerin, Reiner: Strategiewechsel: Bundesrepublik und Nuklearstrategie in der Ära Adenauer-Kennedy, Baden-Baden 1992.

Steininger, Rolf: Der Kalte Krieg, Frankfurt a.M. 2006.

Stöver, Bernd: Geschichte des Koreakriegs. Schlachtfeld der Supermächte und ungelöster Konflikt, München 2013.

Theiler, Olaf: Die Entfernung der Wirklichkeit von den Strukturen. Die Bedrohungslage der NATO und ihre Wahrnehmung in der westdeutschen Bevölkerung 1985 bis 1990, in: Frank Nägler (Hrsg.). Die Bundeswehr 1955 bis 2005. Rückblenden – Einsichten – Perspektiven, München 2007 (= Sicherheitspolitik und Streitkräfte der Bundesrepublik Deutschland, Bd. 7), S. 339-364.

Thoß, Bruno: NATO-Strategie und nationale Verteidigungsplanung. Planung und Aufbau der Bundeswehr unter den Bedingungen einer massiven Vergeltungsstrategie 1952 bis 1960, München 2006 (Sicherheitspolitik und Streitkräfte der Bundesrepublik Deutschland, Bd. 1).

Toliver, Raymond Frederick: Holt Hartmann vom Himmel! Die Geschichte des erfolgreichsten Jagdfliegers der Welt, Stuttgart 1973.

Uhl, Mathias/Filippovych, Dimitrij N. (Hrsg.): Vor dem Abgrund. Die Streitkräfte der USA und UdSSR sowie ihrer deutschen Bündnispartner in der Kubakrise (= Schriftenreihe der Vierteljahreshefte für Zeitgeschichte, Sondernummer), München 2005.

Varwick, Johannes: Die NATO. Vom Verteidigungsbündnis zur Weltpolizei?, München 2008.

Völker, Karl-Heinz: Die deutsche Luftwaffe 1933 bis 1939. Aufbau, Führung und Rüstung der Luftwaffe sowie die Entwicklung der deutschen Luftkriegstheorie, Stuttgart 1967 (= Beiträge zur Militär- und Kriegsgeschichte, Bd. 8).

Wache, Sigfried: Republik F-84F Thunderstreak, Arnsberg 1987.

Warden, John: The Air Campaign. Planning for Combat, Washington 1988.

Weinberg, Gerhard L.: Eine Welt in Waffen. Die globale Geschichte des Zweiten Weltkrieges, Stuttgart 1995.

Wenzke, Rüdiger (Hrsg.): Die Streitkräfte der DDR und Polens in der Operationsplanung des Warschauer Paktes, Potsdam 2010 (= Potsdamer Schriften zur Militärgeschichte, Bd. 12).

Wenzke, Rüdiger: Ulbrichts Soldaten. Die Nationale Volksarmee 1956 bis 1971, Berlin 2013 (= Militärgeshcichte der DDR, Bd. 22).

Wolfrum, Edgar: Die geglückte Demokratie. Geschichte der Bundesrepublik Deutschland von ihren Anfängen bis zur Gegenwart, Stuttgart 2006.

Zimmermann, Hans-Jürgen: Operations Research. Methoden und Modelle, Wiesbaden 2005.

Zimmermann, John: Führungskrise der Bundeswehr oder „Aufstand der Generale"? Die Rücktritte der Generale Trettner und Panitzki 1966, in: Eberhard Birk/Heiner Möllers/Wolfgang Schmidt (Hrsg.). Die Luftwaffe zwischen Politik und Technik (= Schriften zur Geschichte der Deutschen Luftwaffe, Bd. 2), Berlin 2012, S. 108-123.

Ders.: Pflicht zum Untergang. Die deutsche Kriegführung im Westen des Reiches 1944/45, Paderborn 2009 (= Zeitalter der Weltkriege, Bd. 4).

Ders.: Ulrich de Maizière. General der Bonner Republik 1912 bis 2006, München 2012.

Carola Hartmann Miles-Verlag

Politik, Gesellschaft, Militär

Uwe Hartmann, *Innere Führung. Erfolge und Defizite der Führungsphilosophie für die Bundeswehr,* Berlin 2007.

Hans-Christian Beck, Christian Singer (Hrsg.), *Entscheiden – Führen – Verantworten. Soldatsein im 21. Jahrhundert,* Berlin 2011.

Reiner Pommerin (ed.), *Clausewitz goes global. Carl von Clausewitz in the 21st Century,* Berlin 2011.

Eberhard Birk, Winfried Heinemann, Sven Lange (Hrsg.), *Tradition für die Bundeswehr. Neue Aspekte einer alten Debatte,* Berlin 2012.

Holger Müller, *Clausewitz' Verständnis von Strategie im Spiegel der Spieltheorie,* Berlin 2012.

Angelika Dörfler-Dierken, *Führung in der Bundeswehr,* Berlin 2013.

Wolf Graf von Baudissin, *Grundwert Frieden in Politik – Strategie – Führung von Streitkräften,* hrsg. von Claus von Rosen, Berlin 2014.

Marcel Bohnert, Lukas J. Reitstetter (Hrsg.), *Armee im Aufbruch. Zur Gedankenwelt junger Offiziere in den Kampftruppen der Bundeswehr,* Berlin 2014.

Arjan Kozica, Kai Prüter, Hannes Wendroth (Hrsg.), *Unternehmen Bundeswehr? Theorie und Praxis (militärischer) Führung,* Berlin 2014.

Angelika Dörfler-Dierken, Robert Kramer, *Innere Führung in Zahlen. Streitkräftebefragung 2013,* Berlin 2014.

Phil C. Langer, Gerhard Kümmel (Hrsg.), *„Wir sind Bundeswehr." Wie viel Vielfalt benötigen/vertragen die Streitkräfte?,* Berlin 2015.

Dirk Freudenberg, *Counterinsurgency. Aufstandsbekämpfung als Phase zur Überwindung schwacher Staatlichkeit und zur Etablierung des Aufbaus einer stabilen Nachkriegsordnung?,* Berlin 2016.

Alois Bach, Walter Sauer (Hrsg.), *Schützen.Retten.Kämpfen. Dienen für Deutschland,* Berlin 2016.

Marcel Bohnert, Björn Schreiber (Hrsg.), *Die unsichtbaren Veteranen. Kriegsheimkehrer in der deutschen Gesellschaft,* Berlin 2016.

Alessandro Rappazzo, *Vorsprung durch Leadership. Modernes Leadership in der Armee,* Berlin 2017.

Wolfgang Peischel (Hrsg.): *Wiener Strategie-Konferenz 2016 – Strategie neu denken,* Berlin 2017.

Oliver Schmidt, *Deutsche Außenpolitik und die Zukunft der nuklearen Teilhabe in der NATO,* Berlin 2017.

Dirk Freudenberg, *Theorie des Irregulären, 3 Bde.,* Berlin 2017.

Donald Abenheim and Carolyn Halladay, *Soldiers, War, Knowledge and Citizenship: German-American Essays on Civil-Military Relations,* Berlin 2017.

Jahrbuch Innere Führung

Uwe Hartmann, Claus von Rosen, Christian Walther (Hrsg.), *Jahrbuch Innere Führung 2009. Die Rückkehr des Soldatischen,* Eschede 2009.

Helmut R. Hammerich, Uwe Hartmann, Claus von Rosen (Hrsg.), *Jahrbuch Innere Führung 2010. Die Grenzen des Militärischen,* Berlin 2010.

Uwe Hartmann, Claus von Rosen, Christian Walther (Hrsg.), *Jahrbuch Innere Führung 2011. Ethik als geistige Rüstung für Soldaten,* Berlin 2011.

Uwe Hartmann, Claus von Rosen, Christian Walther (Hrsg.), *Jahrbuch Innere Führung 2012. Der Soldatenberuf zwischen gesellschaftlicher Integration und suis generis-Ansprüchen,* Berlin 2012.

Uwe Hartmann, Claus von Rosen (Hrsg.), *Jahrbuch Innere Führung 2013. Wissenschaften und ihre Relevanz für die Bundeswehr als Armee im Einsatz,* Berlin 2013.

Uwe Hartmann, Claus von Rosen (Hrsg.), *Jahrbuch Innere Führung 2014. Drohnen, Roboter und Cyborgs – Der Soldat im Angesicht neuer Militärtechnologien,* Berlin 2014.

Uwe Hartmann, Claus von Rosen (Hrsg.), *Jahrbuch Innere Führung 2015. Neue Denkwege angesichts der Gleichzeitigkeit unterschiedlicher Krisen, Konflikte und Kriege,* Berlin 2015.

Uwe Hartmann, Claus von Rosen (Hrsg.), *Jahrbuch Innere Führung 2016. Innere Führung als kritische Instanz,* Berlin 2016.

Uwe Hartmann, Claus von Rosen (Hrsg.), *Jahrbuch Innere Führung 2017. Die Wiederkehr der Verteidigung in Europa und die Zukunft der Bundeswehr,* Berlin 2017.

Einsatzerfahrungen

Kay Kuhlen, *Um des lieben Friedens willen. Als Peacekeeper im Kosovo,* Eschede 2009.

Sascha Brinkmann, Joachim Hoppe (Hrsg.), *Generation Einsatz, Fallschirmjäger berichten ihre Erfahrungen aus Afghanistan,* Berlin 2010.

Artur Schwitalla, *Afghanistan, jetzt weiß ich erst… Gedanken aus meiner Zeit als Kommandeur des Provincial Reconstruction Team FEYZABAD,* Berlin 2010.

Uwe Hartmann, *War without Fighting? The Reintegration of Former Combatants in Afghanistan seen through the Lens of Strategic Thought,* Berlin 2014.

Rainer Buske, *KUNDUZ. Ein Erlebnisbericht über einen militärischen Einsatz der Bundeswehr in AFGHANISTAN im Jahre 2008,* Berlin ^{2}2016.

Erinnerungen

Blue Braun, *Erinnerungen an die Marine 1956–1996,* Berlin 2012.

Harald Volkmar Schlieder, *Kommando zurück!,* Berlin 2012.

Reinhart Lunderstädt, *Aus dem Leben eines Hochschullehrers. Persönlicher Bericht,* Berlin 2012.

Wulf Beeck, *Mit Überschall durch den Kalten Krieg. Mein Leben für die Marine,* Berlin 2013.

Jan Becker, *Aufgewühltes Wasser,* 3 Bde., Berlin 2014.

Klaus Grot, *So war's, damals. Dienstchronik eines Pionieroffiziers im Kalten Krieg 1954–1991,* Berlin 2014.

Gustav Lünenborg, *Bürger und Soldat. Innere Führung hautnah 1956–1993, 1993–2015,* Berlin 2015.

Adolf Brüggemann, *Als Offizier der Bundeswehr im Auswärtigen Dienst. Meine Erinnerungen als Militärattaché in Seoul (Republik Korea) 1978–83 und in Prag (Tschechoslowakei/Tschechien) 1988–1993,* Berlin 2015.

Rainer Buske, *Eine Reise ins Innere der Bundeswehr. Wundersame Geschichten aus einer anderen Welt,* Berlin 2016.

Heinz Laube, *Duell am Himmel,* Berlin 2016.

Winfried Papenfuß, *Die Kriege der Karendorffs,* Berlin 2016.

Viktor Toyka, *Dienst in Zeiten des Wandels. Erinnerungen aus 40 Jahren Dienst als Marineoffizier 1966-2000,* Berlin 2017.

Dieter Hanel, *Military Link. Sicherheitspolitische Zeitreise eines Offiziers und Rüstungsmanagers,* Berlin 2018.

Militärgeschichte

Eberhard Kliem, Kathrin Orth, *"Wir wurden wie blödsinnig vom Feind beschossen". Menschen und Schiffe in der Skagerrakschlacht 1916,* Berlin 2016.

Eberhard Birk, *"Auf Euch ruht das Heil meines theuern Württemberg!". Das Gefecht bei Tauberbischofsheim am 24. Juli 1866 im Spiegel der württembergischen Heeresgeschichte des 19. Jahrhunderts,* Berlin 2016.

Eckhard Lisec, *Der Unabhängigkeitskrieg und die Gründung der Türkei 1919–1923,* Berlin 2016.

Hans Frank, Norbert Rath, *Kommodore Rudolf Petersen. Führer der Schnellboote 1942–1945. Ein Leben in Licht und Schatten unteilbarer Verantwortung,* Berlin 2016.

Eckhard Lisec, *Der Völkermord an den Armeniern im 1. Weltkrieg – Deutsche Offiziere beteiligt?,* Berlin 2017.

Ingo Pfeiffer, *Heinz Neukirchen. Marinekarriere an wechselnden Fronten,* Berlin 2017.

Siegfried Lautsch, *Grundzüge des operativen Denkens in der NATO. Ein zeitgeschichtlicher Rückblick auf die 1980er Jahre,* Berlin 2017.

Viktor Toyka, *Dienst in Zeiten des Wandels. Erinnerungen aus 40 Jahren Dienst als Marineoffizier 1966-2006,* Berlin 2017.

Eckhard Lisec, *Die Türkische Armee – Von Mete Han (209 v. Chr.) über Atatürk zur Gegenwart,* Berlin 2018.

Joachim Welz, *Erfolgsstory oder Trauma – die Übernahme von Armeen. Lehren aus der Übernahme des österreichischen Bundesheeres in die Wehrmacht 1938 und der Reste der NVA in die Bundeswehr 1990,* Berlin 2018.

Schriften zur Geschichte der Deutschen Luftwaffe

Eberhard Birk, Heiner Möllers, Wolfgang Schmidt (Hrsg.), *Die Luftwaffe zwischen Politik und Technik, Bd. 2,* Berlin 2012.

Eberhard Birk, Heiner Möllers (Hrsg.), *Luftwaffe und Luftkrieg, Bd. 3,* Berlin 2015.

Claas Siano, *Die Luftwaffe und der Starfighter. Rüstung im Spannungsfeld von Politik, Wirtschaft und Militär, Bd. 4,* Berlin 2016.

Eberhard Birk, Peter Andreas Popp (Hrsg.), *Luftwaffenoffizier 21. Das Selbstverständnis des Luftwaffenoffiziers zu Beginn des 21. Jahrhunderts, Bd. 5,* Berlin 2016.

Eberhard Birk, Heiner Möllers (Hrsg.), *Luftwaffe und Luftverteidigung, Bd. 6,* Berlin 2017.

Dirk Schreiber, *Die Luftwaffe und ihre Doktrin. Einsatzkonzeptionen bis 1971, Bd. 7,* Berlin 2018.

Standpunkte und Orientierungen

Daniel Giese, *Militärische Führung im Internetzeitalter – Die Bedeutung von Strategischer Kommunikation und Social Media für Entscheidungsprozesse, Organisationsstrukturen und Führerausbildung in der Bundeswehr,* Berlin 2014.

Dirk Freudenberg, *Auftragstaktik und Innere Führung. Feststellungen und Anmerkungen zur Frage nach Bedeutung und Verhältnis des inneren Gefüges und der Auftragstaktik unter den Bedingungen des Einsatzes der Deutschen Bundeswehr,* Berlin 2014.

Uwe Hartmann (Hrsg.), *Lernen von Afghanistan. Innovative Mittel und Wege für Auslandseinsätze,* Berlin 2015.

Fouzieh Melanie Alamir, *Vernetzte Sicherheit – Quo Vadis?,* Berlin 2015.

Hartwig von Schubert, *Integrative Militärethik. Ethische Urteilsbildung in der militärischen Führung,* Berlin 2015.

Uwe Hartmann, *Hybrider Krieg als neue Bedrohung von Freiheit und Frieden. Zur Relevanz der Inneren Führung in Politik, Gesellschaft und Streitkräften,* Berlin 2015.

Klaus Beckmann, *Treue.Bürgermut.Ungehorsam. Anstöße zur Führungskultur und zum beruflichen Selbstverständnis in der Bundeswehr,* Berlin 2015.

Florian Beerenkämper, Marcel Bohnert, Anja Buresch, Sandra Matuszewski, *Der innerafghanische Friedens- und Aussöhnungsprozess,* Berlin 2016.

Martin Sebaldt, *Nicht abwehrbereit. Die Kardinalprobleme der deutschen Streitkräfte, der Offenbarungseid des Weißbuchs und die Wege aus der Gefahr,* Berlin 2017.

Christian J. Grothaus, *Der "hybride Krieg" vor dem Hintergrund der kollektiven Gedächtnisse Estlands, Lettlands und Litauens,* Berlin 2017.

Uwe Hartmann, *Der gute Soldat. Politische Kultur und soldatisches Selbstverständnis heute,* Berlin 2018.

Monterey Studies

Uwe Hartmann, *Carl von Clausewitz and the Making of Modern Strategy*, Potsdam 2002.

Zeljko Cepanec, *Croatia and NATO. The Stony Road to Membership*, Potsdam 2002.

Ekkehard Stemmer, *Demography and European Armed Forces*, Berlin 2006.

Sven Lange, *Revolt against the West. A Comparison of the Current War on Terror with the Boxer Rebellion in 1900-01*, Berlin 2007.

Klaus M. Brust, *Culture and the Transformation of the Bundeswehr*, Berlin 2007.

Donald Abenheim, *Soldier and Politics Transformed*, Berlin 2007.

Michael Stolzke, *The Conflict Aftermath. A Chance for Democracy: Norm Diffusion in Post-Conflict Peace Building*, Berlin 2007.

Frank Reimers, *Security Culture in Times of War. How did the Balkan War affect the Security Cultures in Germany and the United States?*, Berlin 2007.

Michael G. Lux, *Innere Führung – A Superior Concept of Leadership?*, Berlin 2009.

Marc A. Walther, *HAMAS between Violence and Pragmatism*, Berlin 2010.

Frank Hagemann, *Strategy Making in the European Union*, Berlin 2010.

Ralf Hammerstein, *Deliberalization in Jordan: the Roles of Islamists and U.S.-EU Assistance in stalled Democratization*, Berlin 2011.

Jochen Wittmann, *Auftragstaktik*, Berlin 2012.

Michael Hanisch, *On German Foreign und Security Policy. Determinants of German Military Engagement in Africa since 2011*, Berlin 2015.

Grégoire Monnet, *The Evolution of Strategic Thought Since September 11, 2001*, Berlin 2016.

Stefan Klein, *America First? Isolationism in U.S. Foreign Policy from the 19th to the 21st Century*, Berlin 2017.

http://www.miles-verlag.jimdo.com